エビデンスに基づく
最強体力向上
メソッド

TABATA TRAINING

アスリートのためのタバタトレーニング

立命館大学スポーツ健康科学部教授
田畑 泉 著

ベースボール・マガジン社

まえがき

筆者は、立命館大学に着任した2010年から毎年、新入生に対し、最初の授業で「タバタトレーニングを知っていますか?」と質問しています。確か2010年と2011年には、「はい」と答えた新入生は1割以下でした。しかし、新型コロナウイルス感染症収束後の2021年には、8割以上の学生が「はい」と答えるようになりました。知らなかった学生の中には、「え⁉ 勉強しなきゃ」と驚く反応を示す人もいました。このように、タバタトレーニングは今や多くの高校の部活動で採用され、標準的なトレーニングとなっています。

実は、海外ではそれよりも前から標準的なトレーニングとして広く普及していました。多くのエリートアスリートが取り入れ、その様子はYouTubeなどでも紹介されています。

私たちが1996年と1997年に発表した論文(英文)を読んでいる方であれば、スポーツ競技の成績向上に効果があるという科学的根拠を理解したうえで、タバタトレーニングに取り組んでいることでしょう。しかし、うわさや評判だけを聞いて実践している選手やコーチの中には、その効果の理由を十分に理解していない方も多いのではないでしょうか。

タバタトレーニングは、疲労困憊に至る過酷なトレーニングです。そのため、効果を得るには高いモチベーションを持って取り組むことが不可欠です。実際、モチベーションが低い状態では、十分な効果が期待できないこともあります。

また、そのキツさゆえに、「やりたくない」と感じる選手もいるかもしれません。しかし、タバタトレーニングは「真に強くなりたい」と願う選手と、その選手を指導するコーチのためのトレーニングです。スピードスケートをはじめとする多くのスポーツ競技で採用され、現場でその効果が実証されています。そして、トレーニングの科学的根拠を理解していれば、キツさに耐え、継続することができるでしょう。

タバタトレーニングは、競技力向上のために必要不可欠な「マスト（must）」なトレーニングです。

本書は、タバタトレーニングを始める前にぜひ読んでいただきたい一冊です。

まずは第1章を読んでください。ここでは、タバタトレーニングの効果をわかりやすく解説しています。納得できたら、各種スポーツ別に紹介した第2章に進み、自分に該当するトレーニングをすぐに始めてください。もし、第1章や第2章の中でわからない言葉が出てきた場合は、3章以降の解説ページを参照し、十分に理解したうえでトレーニングを開始してください。トレーニングがキツすぎて途中でやめたくなったときは、もう一度この本を開いて読んでください。そして、しっかりと納得した上で、トレーニングを再開してください。

日本でこれほど広く認知されている以上、ライバルたちも当然タバタトレーニングを実践していると考えて間違いありません。だからこそ、それに対抗するためには、高いモチベーションを維持し、「完全なタバタトレーニング」を実施することが重要です。

ぜひ、本書を読んで、完全なタバタトレーニングに取り組み、競技力を向上させ、世界を目指してください。

著者

目次

第3章 トレーニング理論

第4章 運動科学ベーシック

第5章 運動科学アドバンス

第6章 指導者が語るタバタトレーニング

デザイン　橋本千鶴
イラスト　庄司猛
モデル　街勝憲
写真撮影　井出秀人（BBM）
　　　　　田中慎一郎（BBM）
動画撮影　井出秀人（BBM）
動画編集　ライトハウス
企画編集　石根左恵（BBM）

第1章
タバタトレーニングとは何か？

Q01 タバタトレーニングは何のためのトレーニングですか？

A 試合で勝つ体力をつけるためのトレーニングです！

パワー増大効果はトレーニング史上最高レベル

スポーツの競技力を高めるには、相手よりも速く力強く身体を動かすことが必要です。身体を動かすにはエネルギーが必要ですが、タバタトレーニング（⇩10ページ）を行うと、運動中に発揮できるエネルギー量（パワー）が増加します。つまり、タバタトレーニングをトレーニングに導入すれば、ほとんどすべてのスポーツにおいて競技力の向上が期待できます。

タバタとかタバタトレーニングなどと呼ばれているこのトレーニング方法は、スピードスケートの指導者として、数多くのオリンピックメダリストを育成されてこられた入澤孝一氏（現・高崎健康福祉大学教授）が考案されたものです。それを筆者である私が分析し、その結果を海外の学術誌に投稿して紹介したところ、論文（⇩9ページ）の筆頭著者が私だったことから、誰かがタバタトレーニングと名付けたということが、ネーミングの真相のようです。

入澤氏が用いたトレーニングを分析し発表した論文は、海外の研究者やコーチに読まれ、オリンピックを目指す多くのエリートアスリートが実践し、その効果を実感されました。そしてさまざまなスポーツで採用されて競技力を高めています。スポーツで強くなりたいなら、今すぐこの本を参考にタバタトレーニングを実践しましょう。

注目！ タバタトレーニングの基礎となった論文が、スポーツ医科学の世界的な学会誌に掲載！

世界で最も権威のあるスポーツ医学＆スポーツ科学の学会「アメリカスポーツ医学会」の公式ジャーナル「Medicine and Sciences in Sports and Exercise」に論文が掲載され、筆頭著者が本書の著者である田畑泉だったことから、このトレーニングが「タバタトレーニング」と呼ばれるようになった。

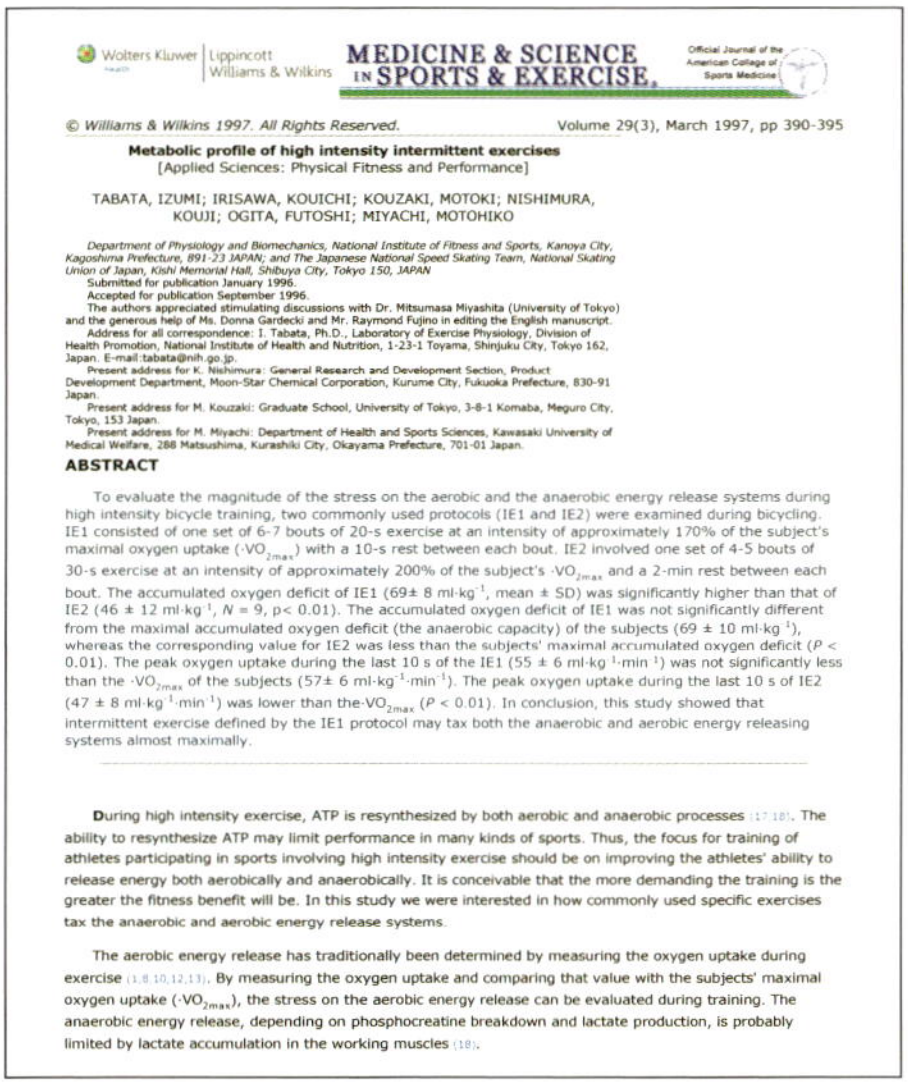

Wolters Kluwer | Lippincott Williams & Wilkins　MEDICINE & SCIENCE IN SPORTS & EXERCISE.　Official Journal of the American College of Sports Medicine

© Williams & Wilkins 1997. All Rights Reserved.　Volume 29(3), March 1997, pp 390-395

Metabolic profile of high intensity intermittent exercises
[Applied Sciences: Physical Fitness and Performance]

TABATA, IZUMI; IRISAWA, KOUICHI; KOUZAKI, MOTOKI; NISHIMURA, KOUJI; OGITA, FUTOSHI; MIYACHI, MOTOHIKO

Department of Physiology and Biomechanics, National Institute of Fitness and Sports, Kanoya City, Kagoshima Prefecture, 891-23 JAPAN; and The Japanese National Speed Skating Team, National Skating Union of Japan, Kishi Memorial Hall, Shibuya City, Tokyo 150, JAPAN

Submitted for publication January 1996.

Accepted for publication September 1996.

The authors appreciated stimulating discussions with Dr. Mitsumasa Miyashita (University of Tokyo) and the generous help of Ms. Donna Gardecki and Mr. Raymond Fujino in editing the English manuscript.

Address for all correspondence: I. Tabata, Ph.D., Laboratory of Exercise Physiology, Division of Health Promotion, National Institute of Health and Nutrition, 1-23-1 Toyama, Shinjuku City, Tokyo 162, Japan. E-mail:tabata@nih.go.jp.

Present address for K. Nishimura: General Research and Development Section, Product Development Department, Moon-Star Chemical Corporation, Kurume City, Fukuoka Prefecture, 830-91 Japan.

Present address for M. Kouzaki: Graduate School, University of Tokyo, 3-8-1 Komaba, Meguro City, Tokyo, 153 Japan.

Present address for M. Miyachi: Department of Health and Sports Sciences, Kawasaki University of Medical Welfare, 288 Matsushima, Kurashiki City, Okayama Prefecture, 701-01 Japan.

ABSTRACT

To evaluate the magnitude of the stress on the aerobic and the anaerobic energy release systems during high intensity bicycle training, two commonly used protocols (IE1 and IE2) were examined during bicycling. IE1 consisted of one set of 6-7 bouts of 20-s exercise at an intensity of approximately 170% of the subject's maximal oxygen uptake ($\cdot VO_{2max}$) with a 10-s rest between each bout. IE2 involved one set of 4-5 bouts of 30-s exercise at an intensity of approximately 200% of the subject's $\cdot VO_{2max}$ and a 2-min rest between each bout. The accumulated oxygen deficit of IE1 (69 ± 8 ml·kg^{-1}, mean ± SD) was significantly higher than that of IE2 (46 ± 12 ml·kg^{-1}, $N = 9$, $p< 0.01$). The accumulated oxygen deficit of IE1 was not significantly different from the maximal accumulated oxygen deficit (the anaerobic capacity) of the subjects (69 ± 10 ml·kg^{-1}), whereas the corresponding value for IE2 was less than the subjects' maximal accumulated oxygen deficit ($P < 0.01$). The peak oxygen uptake during the last 10 s of the IE1 (55 ± 6 ml·kg^{-1}·min^{-1}) was not significantly less than the $\cdot VO_{2max}$ of the subjects (57 ± 6 ml·kg^{-1}·min^{-1}). The peak oxygen uptake during the last 10 s of IE2 (47 ± 8 ml·kg^{-1}·min^{-1}) was lower than the $\cdot VO_{2max}$ ($P < 0.01$). In conclusion, this study showed that intermittent exercise defined by the IE1 protocol may tax both the anaerobic and aerobic energy releasing systems almost maximally.

During high intensity exercise, ATP is resynthesized by both aerobic and anaerobic processes (17,18). The ability to resynthesize ATP may limit performance in many kinds of sports. Thus, the focus for training of athletes participating in sports involving high intensity exercise should be on improving the athletes' ability to release energy both aerobically and anaerobically. It is conceivable that the more demanding the training is the greater the fitness benefit will be. In this study we were interested in how commonly used specific exercises tax the anaerobic and aerobic energy release systems.

The aerobic energy release has traditionally been determined by measuring the oxygen uptake during exercise (1,8,10,12,13). By measuring the oxygen uptake and comparing that value with the subjects' maximal oxygen uptake ($\cdot VO_{2max}$), the stress on the aerobic energy release can be evaluated during training. The anaerobic energy release, depending on phosphocreatine breakdown and lactate production, is probably limited by lactate accumulation in the working muscles (18).

● 1996年発表の論文

Tabata I, K Nishimura, M Kouzaki, Y Hirai, F Ogita, M Miyachi, K Yamamoto. Effects of moderate intensity-endurance and high intensity-intermittent training on anaerobic capacity and Vo2max. Medicine and Sciences in Sports and Exercise 28: 1327 - 1330, 1996.

● 1997年発表の論文

Tabata I, K Irisawa, M Kouzaki, K Nishimura, F Ogita, M Miyachi. Metabolic profile of high intensity intermittent exercises. Medicine and Sciences in Sports and Exercise 29: 390 - 395, 1997.

知ってる？

スピードスケート選手が導入して、オリンピックでメダルを獲得！

現在、陸上競技、競泳、ラグビーなど、さまざまなスポーツにタバタトレーニングは導入されているが、トレーニングに取り入れた先駆者の一人が1992年のアルベールビル・オリンピックのスピードスケート男子500mで銀メダルを獲得した黒岩敏幸選手だ。1998年長野オリンピックのスピードスケートで金メダルを獲得した清水宏保選手も、タバタトレーニングを行っていたそうだ（田畑泉著『タバタ式トレーニング』より）。

黒岩敏幸選手。写真は2001年ワールドカップの1000mのレース　Photo by Getty Images

メソッド

Q02 タバタトレーニングのやり方を教えてください

A 20秒の高強度運動を、10秒の休息をはさんで6～8回行います

4分で疲労困憊まで追い込むトレーニング

タバタトレーニングは、10秒の休息をはさんで20秒の同一高強度の運動を行い、6～8回で疲労困憊（動けなくなってしまう）に至る運動を用いたトレーニングです。最近流行しているヒートと呼ばれるＨＩＩＴ（⇩26ページ）の代表格とされるトレーニングです。

運動強度は、自転車エルゴメータ運動（トレーニング用の固定式自転車をこぐ運動）では最大酸素摂取量（⇩104ページ）の170％、走運動では160％です。持久力向上を目的としたトレーニングの運動強度は、一般的には最大酸素摂取量の50～70％ですから、それと比べるとタバタトレーニングの運動強度は非常に高いことがわかります。

自転車エルゴメータを用いるのは、もともとスピードスケート選手が自転車エルゴメータを用いて行っていたためです。スピードスケートで用いる主な筋肉は大腿四頭筋（太ももの前側の筋肉）です。自転車エルゴメータ運動も大腿四頭筋を使うので、トレーニングの特異性（⇩90ページ）を考慮して、スピードスケートのトレーニングの運動として選定されたのです。

もちろん自転車エルゴメータやトレッドミルを用いなくても、自分の体重だけを負荷に用いて、タバタトレーニングを行うことも可能です（⇩66ページ）。

注目！ 短時間・高強度・間欠的な激運動のタバタトレーニングのメソッド公開！

20 秒の高強度・短時間運動を、10 秒の休息をはさみつつ、6 〜 8 回ほど行って疲労困憊に至る。これがタバタトレーニングの基本メソッドだ。効果をもたらすポイントは「高強度」であること。最終セット後にはしばらく動けないくらいまで追い込めれば成功だ。

トレーニングの流れ

1セット 楽々 20秒

10秒休息

2セット 楽々 20秒

10秒休息

3セット 楽々 20秒

10秒休息

4セット 少しきつい 20秒

10秒休息

5セット きつい 20秒

10秒休息

6セット かなりきつい 20秒

10秒休息

7セット 非常にきつい 20秒

10秒休息

8セット 20秒かそれ以下

4分で終了！

運動方法

HIIT ＝高強度・短時間・間欠運動

[運動 20秒
※運動強度：運動様式により異なる
（⇒第２章）
＋
休息 10秒]
×
6～8セット

※6～8セット目で疲労困憊に至る
運動様式により異なる（⇒第２章）

知ってる？ 運動強度「最大酸素摂取量の170%」とは？

自転車エルゴメータ運動での運動強度は「最大酸素摂取量の 170%」。セットした負荷で一定の回転数を維持してこぐのだが、最初の 2 〜 3 セットは回転数を維持して余裕でこげるが、最後は必死に頑張っても回転数が維持できず、疲労困憊になるのがこの強度である。

Q03 タバタトレーニングで身体の何が変わりますか？

A 有酸素性と無酸素性のエネルギー供給機構の能力が最大に向上できます

2つのエネルギー供給機構の能力が向上！

スポーツの競技力を高めるには、身体（筋肉）を相手よりも速く力強く動かすことが必要です。そのためにはATP（⇓96ページ）を、誰よりも多く消費して、エネルギーを生み出さなければなりません。

しかし、ATPの量には限りがあり、なくなってしまうと運動を続けられません。運動を続けるためにはATPを補充するためのエネルギーが必要です。そのためのエネルギーは、有酸素性エネルギー供給機構（⇓100ページ）と無酸素性エネルギー供給機構（⇓110ページ）の2つのエネルギー供給機構から提供されます。

トレーニングによって有酸素性と無酸素性の2つのエネルギー供給機能の能力を高め、エネルギーをたくさん供給できるようになれば、それだけ高い強度の運動を続けることができます。

タバタトレーニングはこれまでの研究から、2つのエネルギー供給機能の能力の指標である最大酸素摂取量（⇓104ページ）と最大酸素借（⇓116ページ）を、同時にかつ最大に向上させるトレーニングであることが明らかになっています（⇓13ページ）。

つまり、タバタトレーニングは、究極の「有酸素性トレーニング」（⇓80ページ）であり、かつ「無酸素性トレーニング」（⇓84ページ）なのです。

注目! タバタトレーニングでどのトレーニングよりも最大酸素摂取量と最大酸素借が飛躍的に増加!

タバタトレーニングを週4日、6週間行うと、有酸素性エネルギー供給機構の能力の最大値で、持久力の指標である最大酸素摂取量が、どのトレーニングよりも増加する。そして、同時に、無酸素性エネルギー供給機構の能力の最大値である最大酸素借を30%近くも増加させることができる。

タバタトレーニング vs. 持続トレーニング

タバタトレーニング

強度：最大酸素摂取量の170%
時間：運動20秒（+休息10秒）×8回
頻度・期間：週4回を6週間

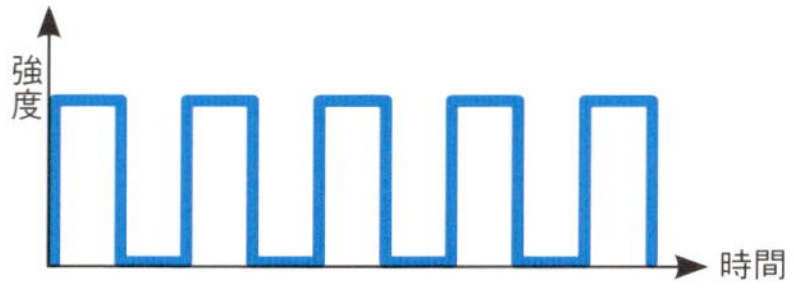

持続トレーニング

強度：最大酸素摂取量の70%
時間：1時間の持久性運動
頻度・期間：週4回を6週間

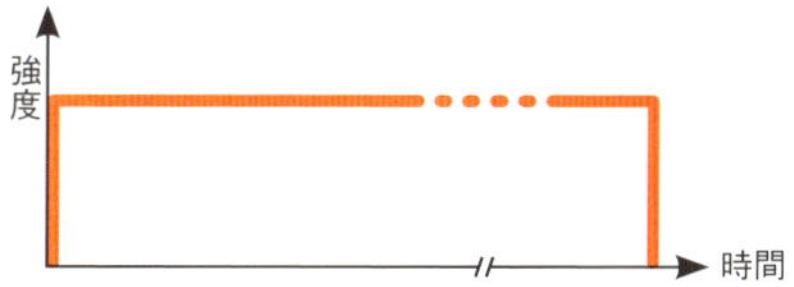

最大酸素摂取量（引き分け）

タバタトレーニング

トレーニング実施前	100%
トレーニング3週間経過	110%
トレーニング5週間経過	112%
トレーニング6週間経過	115%

結果≫ **115%にUP!**

持続トレーニング

トレーニング実施前	100%
トレーニング3週間経過	106%
―	―
トレーニング6週間経過	109%

結果≫ **109%にUP!**

最大酸素借

タバタトレーニング（勝ち）

トレーニング実施前	100%
トレーニング2週間経過	117%
トレーニング4週間経過	123%
トレーニング6週間経過	128%

結果≫ **128%にUP!**

有酸素性と無酸素性のエネルギー供給機構の能力向上に効果あり

持続トレーニング（負け）

トレーニング実施前	100%
トレーニング3週間経過	103%
―	―
トレーニング6週間経過	103%

結果≫ **変化なし!**

有酸素性エネルギー供給機構の能力向上にのみ効果あり

出典：タバタトレーニングが最大酸素摂取量および最大酸素借に及ぼす影響（Tabata et al, 1996より改変）

Q04 無酸素性と有酸素性の両方に効くのはなぜですか？

A 無酸素性と有酸素性のエネルギー供給機構にともに最大負荷をかけられるからです

最大負荷をかければ最大効果が表れる

タバタトレーニングを行うと、有酸素性と無酸素性のエネルギー供給機構の両方の能力が最大に向上します。なぜそれが可能なのでしょうか。

タバタトレーニングは6～8セットで疲労困憊に至る強度を負荷として実施しますが、最後のセットでは酸素摂取量が最大酸素摂取量に達します。最大酸素摂取量は、有酸素性エネルギー供給機構の能力の最大値です。つまりタバタトレーニングは、有酸素性エネルギー供給機構に最大の負荷をかけていることを示しています。

また、タバタトレーニングの酸素借（⇒114ページ）の合計（総酸素借）は、最大酸素借（運動中に酸素消費で賄えなかった分に相当する最大酸素量）と同等になります。最大酸素借は無酸素性エネルギー供給機構の能力の最大値です。つまり、無酸素性エネルギー供給機構にも最大の負荷がかかることを示しています。

トレーニングには、その機能に最大の負荷をかけたときに最大の効果が表れるという原則があります（⇒88ページ）。車のエンジンは使っても性能は向上しませんが、ヒトのエンジン（エネルギー供給機構）は使えば使うほど大きくなり、性能は高まります。タバタトレーニングは、有酸素性と無酸素性のエネルギー供給機構に最大負荷をかけて、ヒトのエンジンを最高に高めるのです。

注目! タバタトレーニングは最大酸素摂取量と最大酸素借に達する最大負荷のトレーニング！

タバタトレーニング中の酸素摂取量を調べた研究によると、酸素摂取量は7セット目に最大酸素摂取量と同等まで増加。酸素借は総酸素借が最大酸素借と等しくなる。つまりタバタトレーニングは、最大負荷をかけて運動に必要なエネルギーの総量を増やすことができる、極めて効果の高いトレーニングというわけだ。

タバタトレーニング中の酸素摂取量

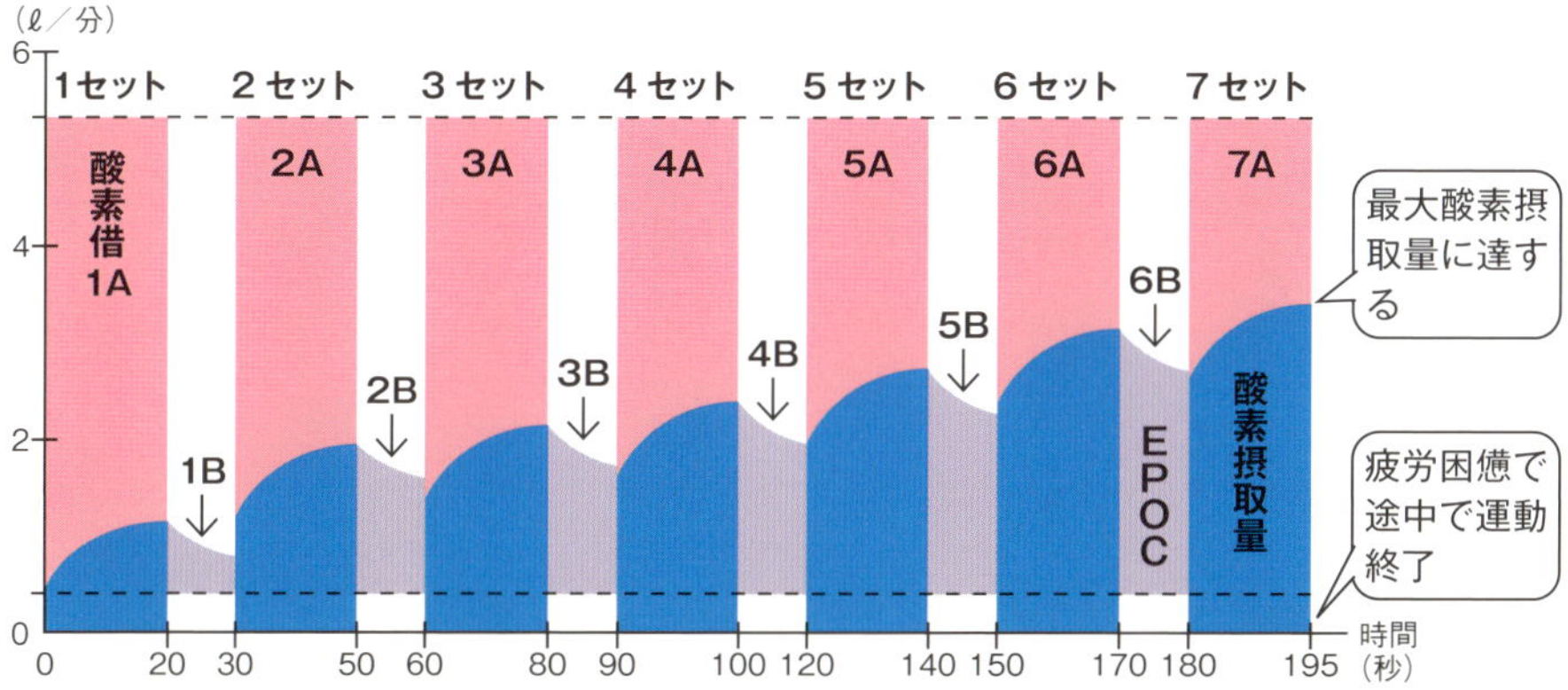

タバタトレーニングの7セット目の酸素摂取量 ＝ 最大酸素摂取量
タバタトレーニングの総酸素借（酸素借の合計※）＝ 最大酸素借

※総酸素借＝（1A ～ 7A の合計）－（1B ～ 6B の合計）

出典：タバタトレーニングの総酸素借と酸素摂取量（Tabata et al, 1997）

知ってる? タバタトレーニングの総酸素借って？

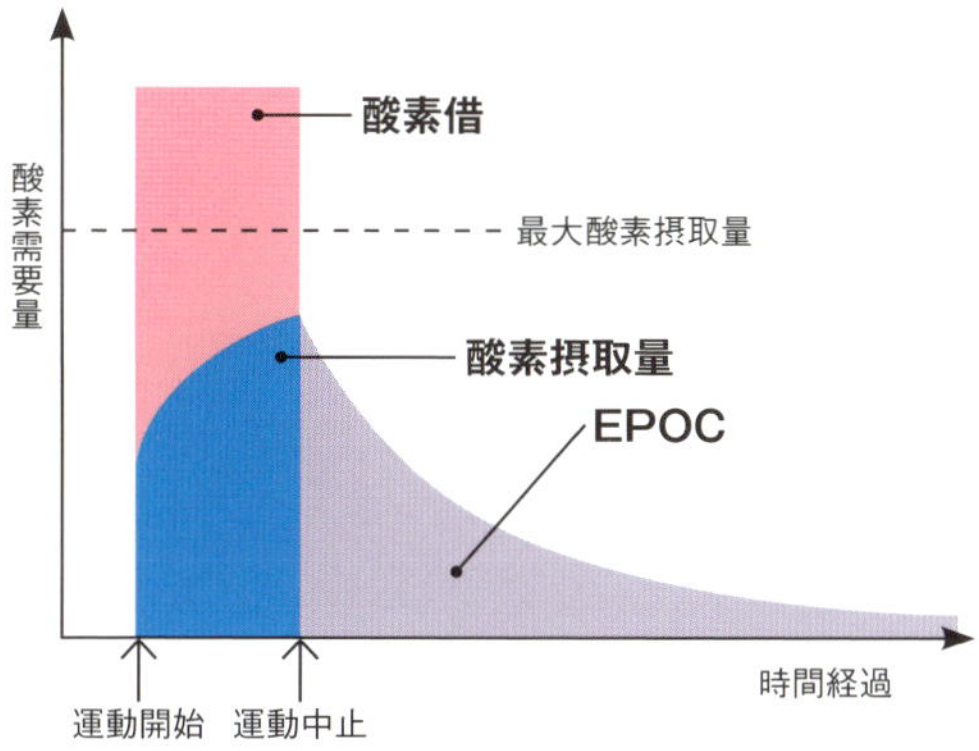

運動後に酸素摂取量が高い状態が続くことをEPOC（Excess Post-Exercise Oxygen Consumption）という（左図）。これは、運動中に生じた酸素借（酸素の借金）を返済している状況だ。タバタトレーニングなどの間欠的運動はセット間に酸素借をEPOCで一部返済しながらの運動なので、総酸素借は次の計算式となる。

間欠的運動の総酸素借 ＝（運動中の酸素借の合計）－（休息中のEPOCの合計）

Q05 タバタトレーニングはどのくらいの強度でやればいいのですか？

A トレーニング期間中、いつでも疲労困憊に至る強度で行うのが基本です

8セットできるようになったら強度を上げる

タバタトレーニングは、いつでも疲労困憊に至るまで行うのが基本です。

例えば、自転車エルゴメータ運動やトレッドミルによる走運動の場合には、トレーニング期間のタバタトレーニングの強度は、少なくとも6セットがぎりぎりできる強度から、7セットの途中で疲労困憊に至る強度で行いましょう。

6セットはできて7セット中に疲労困憊に至って最後までできない強度でタバタトレーニングを開始したとすると、トレーニングを続けているうちに、トレーニング効果でトレーニング中に行うことのできるセット数が徐々に増えてきます。8セットできるようになった場合には、運動強度を次の日から高めます。運動強度を高めたときも、6セットがぎりぎりできて7セット中に疲労困憊に至って運動が続けられない強度に設定します。

バーピージャンプのような自体重を用いた自重運動では、最初のセットから20秒間にできるだけ多く、その運動を行います。セット数が進むと、20秒間にできる運動回数は減ってきますが、それでよいのです。最後の8セットまで、できるだけ多く運動を行うようにしてください。いつでも「疲労困憊まで」行うことがタバタトレーニングの強度設定では極めて重要です。

注目! タバタトレーニングで最大効果を求めるなら 6～8セットで疲労困憊になる強度で行おう

6～8セットで疲労困憊になる強度というのは、6セットはぎりぎりできても7セットには限界に達して8セットは続けられない強度だ。1回行えば、その日はもう同じ強度の運動ができないくらいまで追い込んでやる。自重運動では最初から全力でできうる限りの回数をやるのが強度設定のコツだ。

自転車エルゴメータ運動とトレッドミルによる走運動

強度設定

6セット：ぎりぎりできる
7セット：疲労困憊でできない

強度の上げ方

8セット：できた！
↓
強度を上げる

バーピージャンプなどの自重運動

強度設定

1セット：全力で繰り返す
↓
8セット：同上

※全力ならセット数が進んで反復回数が減ってもOK

強度の上げ方

全力でできる回数を増やす

Q06 週に何回タバタトレーニングをすれば効果的ですか？

A タバタトレーニングは週2回でよいという結果が出ています

週2回・6週間を目安に導入しよう

タバタトレーニングのトレーニング頻度は週2回でいいでしょう。

タバタトレーニングのオリジナル論文の実験は、月・火・木・金曜日にタバタトレーニングを行い、水曜日には最大酸素摂取量の70％の強度で30分間運動した後に、タバタトレーニングの強度の運動を4セット行う（疲労困憊には至らない）ものでしたが、フォックス（Fox）は、高強度・短時間のインターバル走トレーニングを行った場合、最大酸素摂取量に対する効果は、週2回と週4回で変わらなかった、つまり週2回でも効果があると報告しています（⇒19ページ）。

私たちのその後の研究でも、最大酸素摂取量に有意な影響を与えるには、タバタトレーニングは週2回でもよいという結果が出ています。

トレーニング期間は6週間です。タバタトレーニングでは6週間で効果が表れます。実際は3週間で最大酸素摂取量が増加するという研究結果もあります。

低強度の運動で健康増進を目的とした有酸素性トレーニングでは、毎日行ったとしても最大酸素取量の向上効果が出るのに10〜12週間かかります。しかし、タバタトレーニングは週2回と頻度が少なくても、強度が高い分、トレーニング効果が早く表れるのです。

注目! タバタトレーニングは週２回でOK！頻度が高ければ効果大というわけではない

タバタトレーニングのような短時間で高強度のトレーニングは、乳酸が大量にたまり、トレーニング後の疲労も極めて大きい。週２回のタバタトレーニングでも効果に差がない、６週間、短ければ３週間で効果が表れるという研究成果は、トレーニング計画に組み込むうえでとても有効だ。

高強度・短時間インターバルトレーニングによる最大酸素摂取量の変化

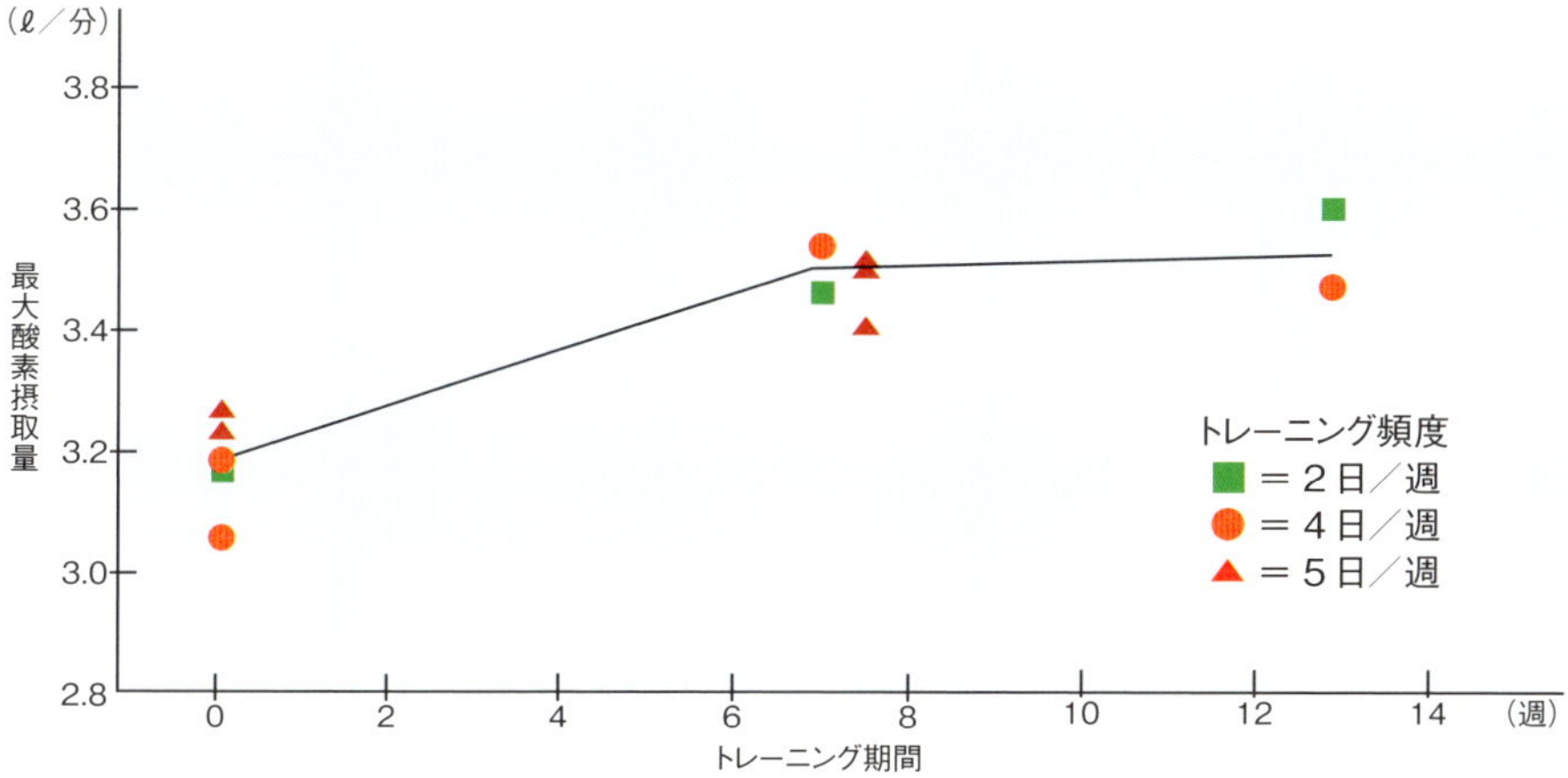

出典:Fox EL, Mathews DK. The Interval Training: Conditioning for Sports and General Fitness. Philadelphia: W.B. Saunders; 1974.

［ **トレーニング頻度** 週２回 × **トレーニング期間** ６週間 ］

知ってる? タバタトレーニングをどんなふうに導入している？

入澤孝一氏が指導する高崎健康福祉大学のスケート部では、自転車エルゴメータを用いたタバタトレーニングを、トレーニング期には週３回実施し、試合が近づいてくると週２回に減らし、試合前の２週間の調整期には実施しない。興味深いことに、試合当日には、セット数を減らして実施している。その目的は〝筋を目を覚めさせる〞ためだそうだ。

写真は高崎健康福祉大学所属の新濱立也選手 Photo by Getty Images

Q07 タバタクロストレーニングとはどんなトレーニングですか？

A 2つ以上の異なる運動を組み合わせて行う最新のタバタトレーニングです

自転車エルゴメータ運動と走運動を交互に行う

クロストレーニングとは、2つ以上の異なる種類（異なる筋肉を使う）の運動を組み合わせたトレーニングのことをいいます。タバタトレーニングには、自転車エルゴメータ運動とトレッドミルを用いた走運動を、10秒の休息をはさんで交互に行うという、タバタクロストレーニングというやり方があります。

最初にトレッドミルを用いた走運動と自転車エルゴメータ運動の運動強度をそれぞれ決めます。走運動の強度は、トレッドミルの傾斜を10%とし、6セット終了時あるいは7セット中に、疲労困憊に至る（もうそれ以上走ることができない）速度です。最初の速度で6セットできなかった場合は速度を下げてもう一度試し、7セットできた場合は速度を上げてやってみて、適正速度を決定します。自転車エルゴメータ運動の強度の決め方は、第2章の自転車エルゴメータで最大酸素摂取量を測定できる場合（⇒36ページ）を参照してください。

実際のトレーニングでは、決めた速度・仕事率で、20秒間の走運動と自転車エルゴメータ運動を、10秒間の間隔を置いて交互に行います（走運動4＋自転車エルゴメータ運動3＝全7セット）。トレッドミルで20秒走ったらベルトから飛び降り、10秒の休息中に近くに設置した自転車エルゴメータに歩いて移動します。

注目! トレッドミル走と自転車エルゴメータ運動のタバタクロスで最大酸素摂取量が大幅増加！

このタバタクロストレーニングは、週３日あるいは２日、６週間行うと、走運動と自転車エルゴメータ運動の最大酸素摂取量が大幅に増加する(劉辛、徐宇中、田畑泉.未発表資料)。有酸素性エネルギー供給機構に大きな効果があり、陸上競技、サッカー、ラグビーなどの持久系スポーツの競技力向上に期待大だ。

タバタクロストレーニングの流れ

- 1セット　トレッドミルでの走運動　20秒
- 10秒休息（マシンを移動）
- 2セット　自転車エルゴメータ運動　20秒
- 10秒休息（マシンを移動）
- 3セット　トレッドミルでの走運動　20秒
- 10秒休息（マシンを移動）
- 4セット　自転車エルゴメータ運動　20秒
- 10秒休息（マシンを移動）
- 5セット　トレッドミルでの走運動　20秒
- 10秒休息（マシンを移動）
- 6セット　自転車エルゴメータ運動　20秒
- 10秒休息（マシンを移動）
- 7セット　トレッドミルでの走運動　20秒かそれ以下

7セットで終了！

※採用する運動様式によっては8セットの場合もある

運動方法

HIICT＝高強度・短時間・間欠運動のクロストレーニング

運動 20秒
（トレッドミルでの走運動計４セット）

休息 10秒（マシンを移動）

運動 20秒
（自転車エルゴメータ運動計３セット）

アドバイス！ トレッドミルと自転車エルゴのクロストレーニングを安全に行う

- トレッドミルを高速で走る場合は転倒防止のためにハーネス（⇒41ページ）を装着するが、着脱に時間がかかるためタバタクロストレーニングでは使用できない
- このタバタクロストレーニングでは、トレッドミルの後方には物を置かず、自転車用の軽いヘルメットを装着し、安全に留意して行う

Q08 クロストレーニングで行うとどんなメリットがありますか？

A 疲労困憊にならないので、試合期にも行うことができます

疲労感が圧倒的に違うのに高い効果が期待できる

タバタトレーニング終了時の主観的運動強度（ＲＰＥ⇒23ページ）は、自転車エルゴメータ運動の場合も、トレッドミルを用いた走運動の場合にも、疲労困憊の20です。これと比べて、自転車エルゴメータ運動とトレッドミルを用いた走運動を交互に行うタバタクロストレーニングでは、終了時の主観的運動強度は15（きつい）程度です。主観的運動強度は、タバタクロストレーニングのほうが明らかに低い値となります（⇒23ページ）。

つまり、２つの運動を交互に行うクロストレーニング方式でタバタトレーニングを行えば、疲労困憊に至ることなく、しかも自転車エルゴメータ運動と走運動の両方の最大酸素摂取量を高めることができるのです。

クロストレーニング方式ではないベーシックのタバタトレーニングでは、運動中の酸素借が最大酸素借に達してトレーニング効果は高いものの、疲労困憊に至るため肉体的・精神的ストレスが大きく、試合期や試合前のテーパリング期間中に実施することが困難な場合が多いでしょう。しかし、タバタクロストレーニングであれば、疲労困憊に至らないので、試合が連続する試合期であっても実施することが可能であり、有酸素性エネルギー供給機構の能力、つまり持久力を試合期に維持することができると考えられます。

注目! タバタクロストレーニングをやってみると誰もがきっと不思議な感覚を覚えるはずだ

タバタクロストレーニングを行うと、脚はそれほどきつくはないのに、心臓が最大運動をしたときのようにバクバクする感覚を味わうはずだ。これは脚への負担は比較的低いのに、ベーシックのタバタトレーニングと同様の負荷が有酸素性エネルギー供給機構にかかって、心臓が頑張っているからだ。

タバタクロストレーニング終了時のRPE（タバタトレーニングとの比較）

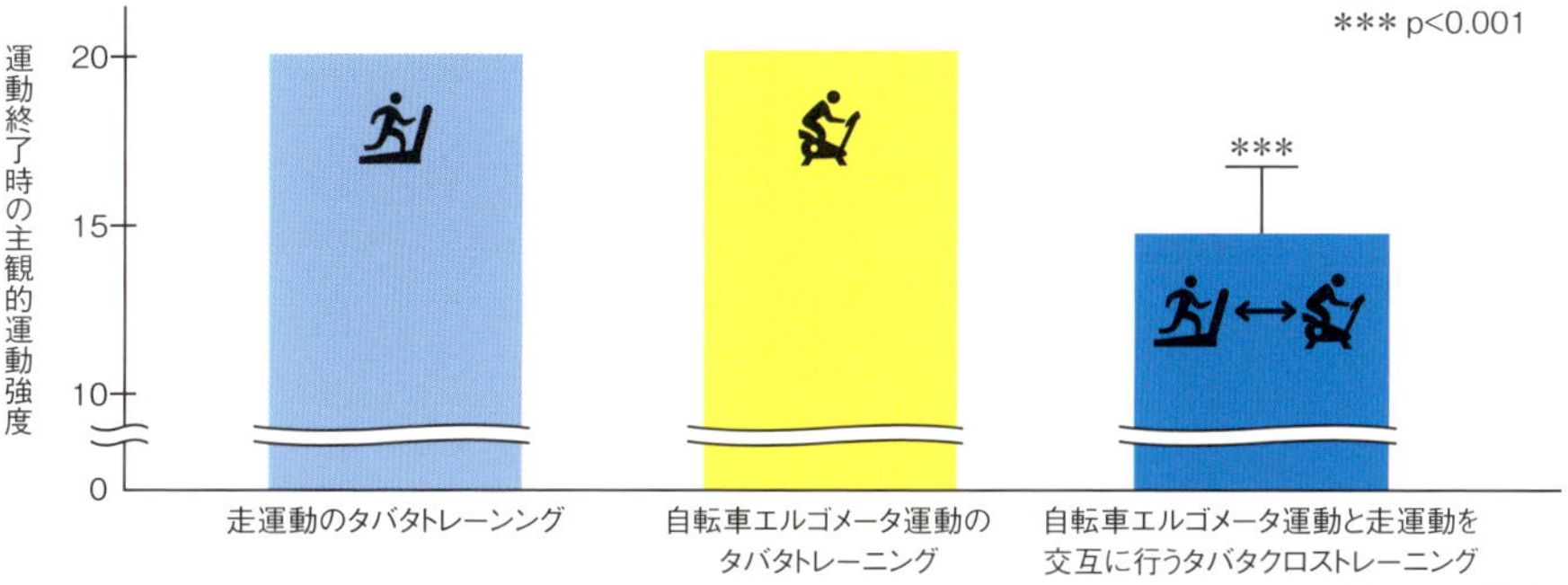

（Xu et al, 2024）

タバタトレーニング

RPE：20（疲労困憊）
心臓：バクバク

↓

無酸素性と有酸素性のエネルギー供給機構の能力向上に効果あり

タバタクロストレーニング

RPE：15（きつい）
心臓：バクバク

↓

有酸素性エネルギー供給機構の能力向上に効果あり

知ってる?

主観的運動強度（RPE）とは？

主観的運動強度（RPE：rating of perceived exertion）は、運動したときにどのくらいのきつさ（疲労感）を感じたかを表す指標。自覚的運動強度とかボルグ指標などとも呼ばれる。6から20までの15段階で表し、最も低い安静時レベルの6から、疲労レベルが高まるにしたがって数値が上がり、20は最も高いレベルで疲労困憊で動けないオールアウト）という状態を表す。日ごろからこの数値を意識して疲労レベルを体感として身につけておけば、トレーニングの調整やコンディションの把握に役立てることが可能だ。

主観	数値
	20
非常にきつい	19
	18
かなりきつい	17
	16
きつい	15
	14
ややきつい	13
	12
楽	11
	10
かなり楽	9
	8
非常に楽	7
	6

Q09 タバタクロストレーニングの効果を教えてください

A 有酸素性エネルギー供給機構に負荷をかけ最大酸素摂取量を高めます

タバタクロストレーニングは万能ではない

自転車エルゴメータ運動のタバタトレーニングは、有酸素性と無酸素性のエネルギー供給機構に最大の負荷をかけることで、有酸素性と無酸素性の両方の能力を最高に高めることができます（⇒15ページ）。

トレッドミルを用いた走運動と自転車エルゴメータ運動を交互に行うタバタクロストレーニングでは、最後の走運動中（7セット目）の酸素摂取量は走運動の最大酸素摂取量とほぼ同じ（95％）まで増加し、6セット目の自転車エルゴメータ運動の酸素摂取量は自転車エルゴメータ運動の最大酸素摂取量より高い値となります。この結果は、有酸素性エネルギー供給機構に最大の負荷をかけており、最大酸素摂取量を高める効果があることを示しています。実際にこのタバタクロストレーニングを週2回、6週間行うと、走運動および自転車エルゴメータ運動の最大酸素摂取量が増加します。

一方、タバタクロストレーニング運動終了後の血中乳酸濃度の最高値は、走運動および自転車エルゴメータ運動単独のタバタトレーニング後の値よりも、明らかに低い値となりました。血中乳酸濃度は無酸素性エネルギー代謝量の指標です。無酸素性エネルギー供給機構への負荷がタバタトレーニングのように最大にならないことから、最大酸素借の増加は見込めません。

注目! 試合期かトレーニング期かによってタバタトレとタバタクロストレを使い分ける

タバタクロストレーニングは血中乳酸濃度が上がらないので、無酸素性エネルギー供給機構への改善効果は期待できない。無酸素性エネルギー供給機構を鍛えるには、やはりベーシックのタバタトレーニングを行うことが必須。試合などのスケジュールに合わせてタバタクロストレーニングを上手に取り入れよう。

タバタクロストレーニング中の酸素摂取量

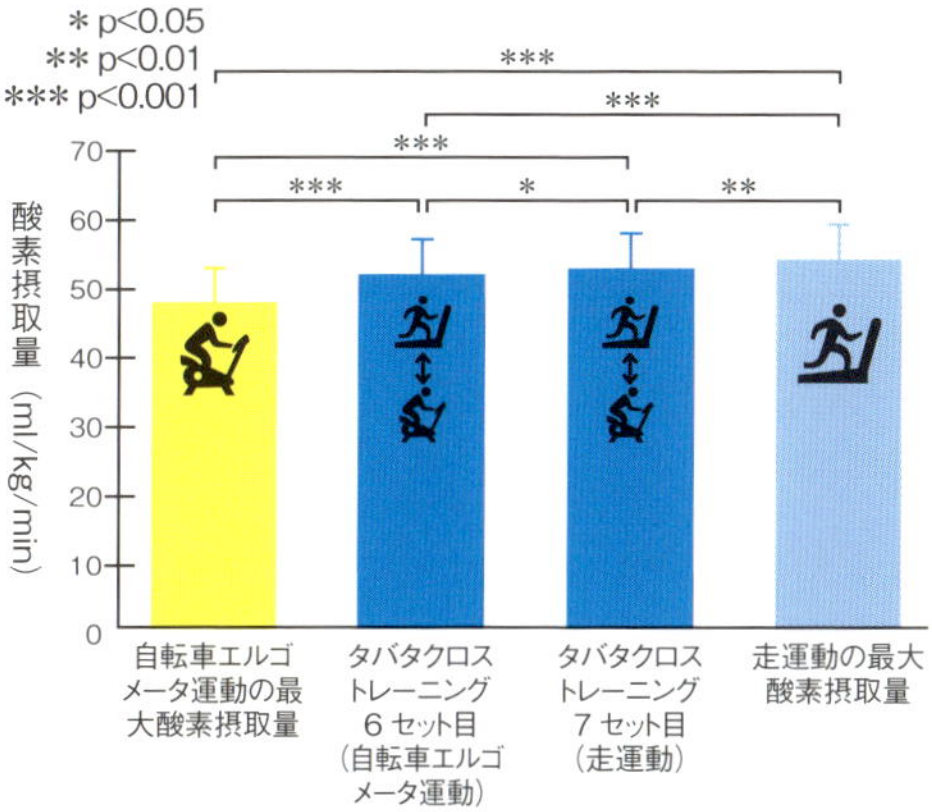

タバタクロストレーニング運動終了後の血中乳酸濃度の最大値

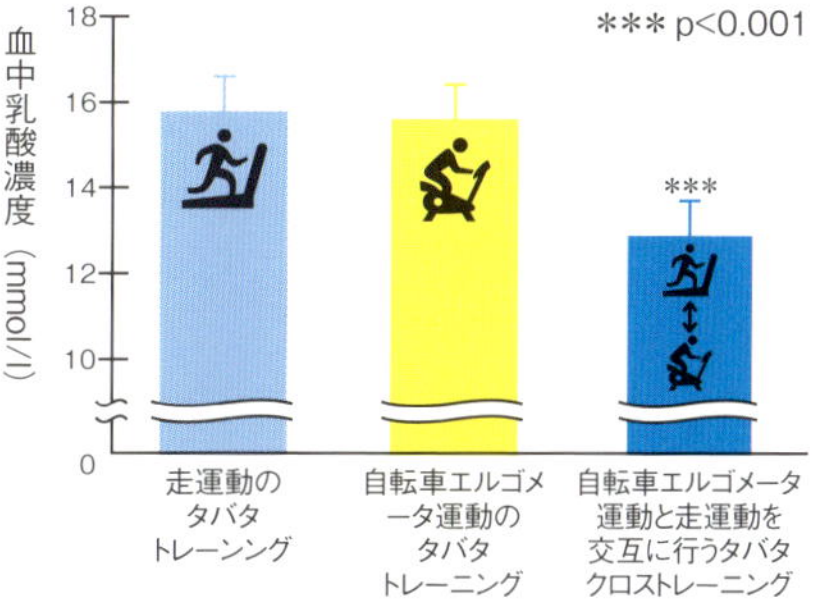

(Xu et al, 2024)

タバタトレーニング

RPE：20（疲労困憊）
無酸素性能力向上：有効
有酸素性能力向上：有効

タバタクロストレーニン

RPE：15（きつい）
無酸素性能力向上：無効
有酸素性能力向上：有効

トレーニング期にはタバタトレーニングを行おう
試合期にはタバタクロストレーニングを中心に行おう
試合前はタバタトレーニングを減らしてタバタクロストレーニングを行おう

知ってる?

血中乳酸濃度がタバタクロストレーニングで低いわけ

タバタクロストレーニング終了時の血中乳酸濃度が、タバタトレーニング終了時よりも低いのは、活動した筋肉で生産され血液に放出された乳酸量が少ないためだ。どちらも運動強度は同じだが、タバタクロストレーニングの場合、走運動は計80秒（20秒×4セット）、自転車エルゴメータ運動は計60秒（20秒×3セット）。走運動単独あるいは自転車エルゴメータ運動単独（20秒×6～7セット＝120～140秒）よりも運動様式別では短くなることから、血中乳酸の産生がタバタクロストレーニングで少なくなったと考えられる。

Q10 HIITとタバタトレーニングは別のトレーニングですか？

A タバタトレーニングはHIITの代表的なトレーニングの1つです

人間機関車・ザトペックを知っているか？

タバタトレーニングは、HIITの代表です。HIITは「ヒート」と読み、high intensity interval / intermittent training の略称です。high intensity は高強度です。たまたま interval（インターバル）と intermittent（間欠的）の最初の文字が i であることから、どちらにしても HIIT となりました。

タバタトレーニングは間欠的トレーニングです。高強度の運動を繰り返すという点ではインターバルトレーニングと同じですが、間欠的トレーニングでは、高強度の運動の間は完全な休息で、運動を行いません。

一方、ランナーが行うインターバルトレーニングでは、高強度の走運動の間は低い強度の走運動を行います。

このような走スピードに変化をもたせたトレーニングは、すでに1930年代にスウェーデンのゲスタ・ホルマー（Gösta Holmér）が開発したファルトレクトレーニング（Fartlek training）として知られています。

インターバルトレーニングを積極的に取り入れた選手として、チェコスロバキア（当時）のエミール・ザトペック（Emil Zátopek）選手が知られています。1952年のヘルシンキ・オリンピックでは、5000m、10000m、マラソンの3種目で優勝し、その有効性が広く認識されています。

注目! HIIT のプログラムにはいくつかの種類がある。タバタトレーニングはその1つだ

HIIT というカテゴリーに属するトレーニングには、タバタトレーニング以外に、インターバルトレーニング、ファルトレクトレーニングなどがある。これらは運動時間、インターバル時間、強度などが異なる。代表的な HIIT トレーニング例からタバタトレーニングとの違いを知ろう。

タバタトレーニング

強度：最大酸素摂取量 170%

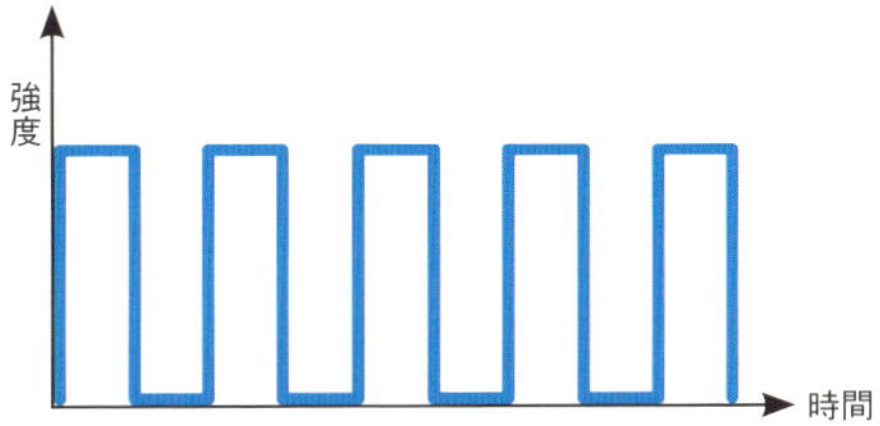

[運動 20秒 + 休息 10秒] × 6～8セット

※6～8セット目で疲労困憊に至る

HIIT の例①

強度：最大酸素摂取量 200%

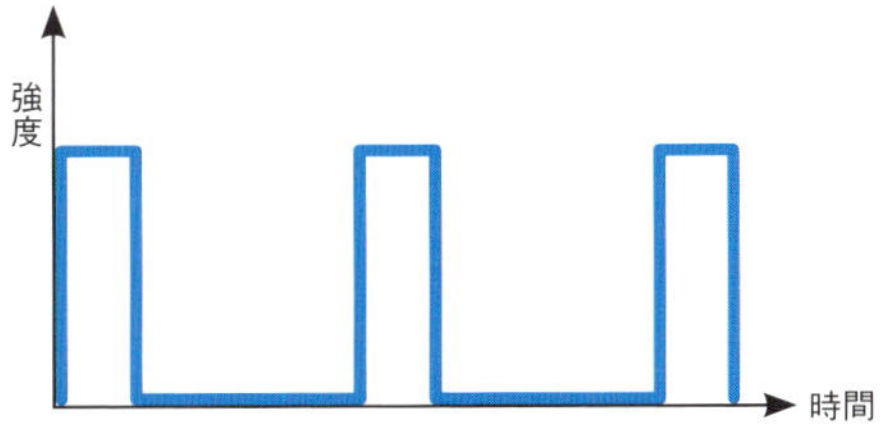

[運動 30秒 + 休息 2分] × 3～4セット

HIIT の例②

強度：最大酸素摂取量 200%→ 180% → 160%…

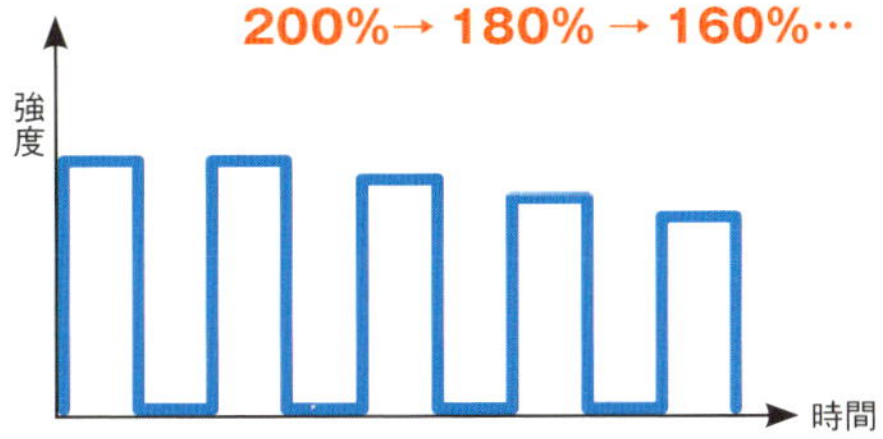

[運動 20秒 + 休息 10秒] × 5～8セット

※6～8セット目で疲労困憊になる

Q11 最初から全力でやれば4セットで終わってもいいですか？

A 6～8回でオールアウトになる設定でやらないと最大の効果が期待できません

トレーニング中の酸素摂取量は、トレーニングによる有酸素性エネルギー供給機構に対する負荷の指標です。タバタトレーニング開始後、酸素摂取量は増加しますが、4セット程度では最大酸素摂取量まで到達しません。実施中に最大酸素摂取量のレベルに達しないタバタトレーニングでは、このトレーニングの〝売り〟である、最大酸素摂取量を最大に増加させる効果は期待できません。ですから、4セットしかできなかった場合は、強度を少し下げて、少なくとも6セットできるような強度でタバタトレーニングを行ってください。

また、4セット程度で疲労困憊に至る場合は、酸素借も最大酸素借に到達しないため、無酸素性エネルギー供給機構にも最大負荷をかけることができません。最大酸素借に到達する6～8セットで疲労困憊に至る強度を決めて行うことで、最大酸素借を最も効果的に増加させることができます。

4セットで終わるような運動でも非常にきついものです。同じキツい思いをするなら最も効果が期待できる設定で行ったほうがいいですよね。私たちの研究によってタバタトレーニングに関するエビデンスが明らかになり、エビデンスを知ったアスリートがキツいながらもタバタトレーニングを実施するようになっています。みなさんもぜひこのトレーニングの素晴らしさを知り、キツくてもタバタトレーニングを実施してください。

Q12 1日2回行うともっと効果が出ますか？

A 1日2回は手を抜くことになるので意味がありません

タバタトレーニングは有酸素性エネルギー供給機構と無酸素性エネルギー供給機構に最大に負荷をかけることができるので、1日2回以上実施する必要がありません。特に有酸素性エネルギー供給機構に対しては、タバタトレーニングは最高の刺激を与えるので、持久力に関しては、その日にそれ以上いかなるトレーニングを行ってもさらなる効果はありません。逆に、1日2回やるから1回目は〝手を抜く〟というようなことになると、最大の効果を得ることができません。

実験動物（ネズミ）に水泳を用いたタバタトレーニングを行って比べてみたところ、トレーニングで使われる前足の筋（滑車上筋）のPGC－1α（⇩132ページ）の増加の程度は、1日1回と1日2回で差はありませんでした。

PGC－1αが増加するとミトコンドリアの酵素が増加し、持久力が向上します。1日1回と1日2回のタバタトレーニングによるPGC－1αに対する影響に差がないということは、持久力への向上効果は1日1回のトレーニングで最大になることを示しています。

これはタバタトレーニングに限らず、日々の水泳のトレーニングについても、1日1回と2回のトレーニング（両方とも1.5時間ずつ）の競技成績への効果は同じであるという研究結果が報告されています（下記出典より）。

出典：Terada & Tabata, 未発表資料.

Q13 1日のうちでいつやるのが最も効果的ですか？

A トレーニングは練習の最初に。フレッシュな状態で行いましょう

トレーニングの最初（ウオーミングアップ後）に行うのが最も効果的です。トレーニングの最後に行うのはお勧めできません。最後に行うと、それまでのトレーニングですでに疲労している場合、タバタトレーニングを適切な強度で行うことができないからです。また、最後にタバタトレーニングがあると思うと、それより前のトレーニングがおろそかになる危険性があります。

剣道のトレーニング（⇒60ページ）では、1日の練習の最初に掛かり稽古方式のタバタトレーニングを行ったところ、非常に高い効果を認めることができました（⇒下の図）。

週2回あるいは3回のタバタトレーニングの日は、その他の体力トレーニングの量を少なくして、フレッシュな状態でタバタトレーニングを行うことが最も効果的で、最大の効果を得ることができます。

剣道の掛かり稽古方式のタバタトレーニングによる最大酸素摂取量の変化

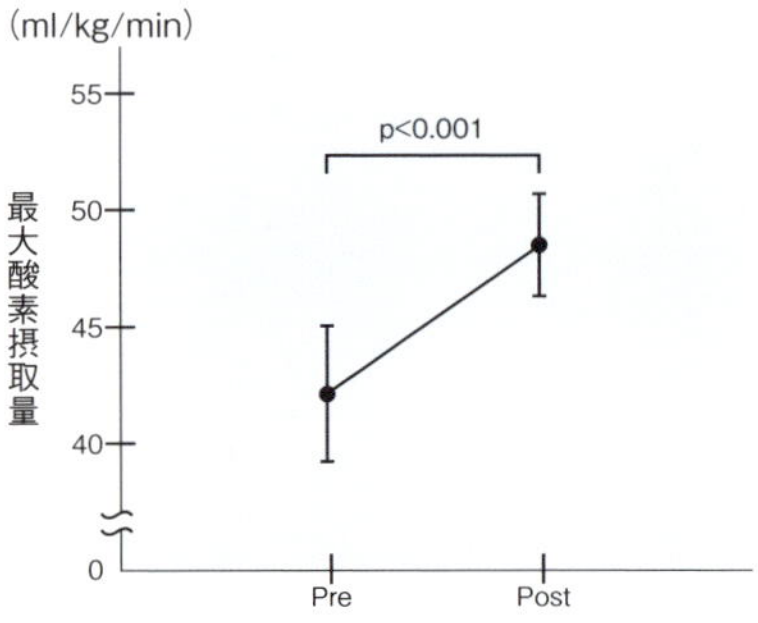

実施内容

- 2人1組の掛かり稽古方式タバタトレーニング
- 練習の最初（ウオーミングアップ直後）に実施
- 最大努力で20秒間＋10秒間休息を8セット
- 週3回、11週間にわたり実施（計33回実施）

結果

タバタトレーニング実施後に最大酸素摂取量が有意（p<0.001）に高くなった

(⇒60ページ)

Q14 タバタトレーニングは毎日する必要がありますか？

A 体力アップ期には週3回、試合期には週2回が最適です

タバタトレーニングを週3回行えば、最大酸素摂取量と最大酸素借は確実に増加します。週2回でも増加します。競技力向上には、通常の練習やタバタ以外のトレーニングも行う必要があり、何よりタバタトレーニングは疲労のないフレッシュな状態で行わなければならないので、体力アップの時期は週3回、試合前や試合期には週2回が最も競技力を高めるために最適であると考えられます。

一方、自転車エルゴメータ運動とトレッドミルでの走運動を交互に行うようなタバタクロストレーニング（⇒20ページ）は、ストレスが少ないので試合期でも行うことができます。しかし、その効果は最大酸素摂取量にのみ表れます。最大酸素借には効果はありません。

知ってる？

TABATA が世界で最も権威のある辞典『Oxford English Dictionary』に掲載される！

『Oxford English Dictionary』（オックスフォード英語大辞典：OED）は、イギリスのオックスフォード大学出版局が発行する、世界で最も権威のある英語辞典である。1928 年発行の初版は 70 年かけて編纂され、英語圏で使用される英語をカバーした包括的な辞典として知られている。現在のオンライン版には約 60 万語以上の単語が収録され、かつ年 4 回データが更新されている。この辞典に「TABATA」（タバタトレーニング）が掲載されているのだ。日本人が考案しメソッドを確立したトレーニングが、権威ある辞書に収録・編集すべき単語として認められたということを、ぜひ知っていただきたい。

Q15 タバタトレーニングを行うと太ももが太くなりませんか？

A タバタトレーニングを行っても太ももの筋肉は太くなりません

タバタトレーニングのような高強度の運動をすると運動後に筋肉が〝パンパン〟になることがあります。しかし、それは筋肉が増えているのではありません。運動した筋肉に血液が多量に流入することで生じる現象なので、運動終了、速やかに〝パンパン〟状態は元に戻ります。

私たちの研究では、最も太ももの筋肉が使われる自転車エルゴメータ運動を用いたタバタトレーニングを6週間行っても、太ももの太さ（周径囲）は変化しませんでした。タバタトレーニングは高強度の運動ですが、筋肉を太くするという観点からは見るとそれほど高い強度とはいえないので、筋肉は太くならないのです。筋肉を太くするにはやはりレジスタンストレーニング（筋力トレーニング）を行う必要があります。

私たちが行った実験では、最初の6週間は、週4回の自転車エルゴメータ運動によるタバタトレーニングを行い、次の6週間は、同じタバタトレーニングを週3回と、12RM（ぎりぎり12回持ち上げられる重さ）でのスクワットとレッグカールのレジスタンストレーニングを4セット週3回行ったところ、レジスタンストレーニングを行って太ももの筋肉が増加したことにより、さらに最大酸素借が増加しました。活動筋が増えると、濃度は同じでもクレアチンリン酸の総量は増加します。また、トータルの乳酸産生量も増加するため、最大酸素借が増えるのです。

出典：平井と田畑，1996.

Q16 タバタトレーニングでやせますか？

A 残念ですがタバタトレーニングではやせません

タバタトレーニングでダイエットをしようと考えている人はいませんか？　私たちはこれまで数多くの実験を行いましたが、タバタトレーニング（6週間）では、対象者の体重には変化がみられませんでした。つまり、タバタトレーニングではやせないということです。

確かにタバタトレーニングを行うと、運動後には安静時より酸素摂取量が高くなります。これはタバタトレーニングによって代謝が上がり、エネルギー消費量が増加するからです。

また、タバタトレーニングを行うと、昼食および夕食後には、行わなかった場合よりも酸素摂取量が増加します。一般に食事後にはエネルギー消費量が増加します。

この現象を食事誘発性熱産生といい、食物を消化し、グリコーゲンなどに合成するためにエネルギーが使われていると考えられています。タバタトレーニングを行うとさらに食事誘発性熱産生が増加しますが、その増加量はその人の最大酸素摂取量に関係し、最大酸素摂取量が多い人ほど高いことが示されています。

しかし、これらを全部合計しても、タバタトレーニングが1日間のエネルギー消費量に与える影響は、120kcal程度です。体重を減少させるには不十分です。今後、長期間のタバタトレーニング研究で、本当に〝タバタトレーニングでやせるか〟という疑問に答えが出るかもしれません。

出典：Tsujiら，2017.

Q17 タバタトレーニングで発揮パワーは増えますか？

A タバタトレーニングだけでは最大パワーは増えません

自転車エルゴメータ運動によるタバタトレーニングは、1分間に90回転（90ＲＰＭ）と高速で自転車エルゴメータをこぎます。ペダルにかかる負荷も高いので、タバタトレーニングを続けると、発揮する最大パワーが上昇すると思うかもしれませんね。

しかし、最大パワー（体重の7％の重りで自転車エルゴメータを最大努力でこいだときのパワー）は、タバタトレーニングだけでは増加しないことが報告されています。

また、タバタトレーニングにレジスタンストレーニング（筋力トレーニング）を加えると、最大パワーが増加することも私たちの研究でわかっています。

パワーの増加には筋量の増加が影響を与えていると考えられます。パワーを増やしたい場合には、タバタトレーニングに加えて、高校生くらいから正しいやり方でレジスタンストレーニングを行い、筋量を増やしましょう。

自転車エルゴメータ運動によるタバタトレーニングは、通常は最初から最後まで同じ回転数（90ＲＰＭ）、同じ重さ（同じ仕事率）でこぐので、速度特異性（⇒92ページ）の関係で90ＲＰＭ以上の速度でのパワーに影響がないのかもしれません。一方、スピードスケート選手がやっているような、同じ重さで最初から思いっきり自転車エルゴメータ運動を行う場合には、最大パワーが増加する可能性があります。

出典：平井と田畑，1996.

第2章

タバタトレーニングをやってみよう

Q18 自転車エルゴメータではどうやればいいですか？

A 90回転でちょうど6セット終了時あるいは7セット中に回転数が維持不能になる重さで行います

最も典型的なタバタトレーニングのやり方

自転車エルゴメータを用いて行う場合には、ペダルの回転数を1分間当たり90回転（エリートアスリートは100回転）とし、90回転でちょうど6セット終了時あるいは7セット中に疲労困憊になる（回転数を維持できなくなる）負荷（重さ）で行います。そのような運動強度が最大酸素摂取量の約170％となります。負荷の単位は、モナーク社製、コナミスポーツ社のパワーマックスではkp（キロポンド）、ワット制御のエルゴメータではワット。すべて「一定負荷」を維持してこぎます。

自転車エルゴメータで最大酸素摂取量を測定できる施設では、運動強度（自転車のペダルの仕事率）と酸素摂取量の直線関係（⇒103ページ）がわかっている場合、最大酸素摂取量（⇒105ページ）の170％に相当する負荷を求めて実施します。これは、続けてこげば50秒程度で決められた回転数を維持できなくなるような負荷です。

トレーニングを進めていくうちに7セット完了して8セットまで運動できた場合は負荷を上げ、逆に6セットの途中で回転数を維持できなかった場合は負荷を下げます。

トレーニング中は回転数の維持が大切です。回転数が落ち気味になってきたらコーチが気合いを入れて回転数を戻させましょう。そしてもう一度回転数が落ちて90回転／分の場合、85回転／分を切った時点で終了します。

注目! 論文に発表されている最も典型的なやり方でタバタトレーニングをやってみよう！

36ページに紹介したやり方が、世界的な学術誌にも認められた最も典型的なタバタトレーニングの実施方法だ。回転数は、初心者から一般アスリートは90回転／分、体力の高いエリートアスリートは100回転／分。負荷は一定で、全セットで回転数を維持することが大切だ。

トレーニング成功のコツは「声掛け」

最初の気合い入れ
90回転にできるだけ早く到達して！
回転数が落ちてきたぞ！頑張って戻せ！
最後の気合い入れ

準備

トレーニング導入前に、90回転で何度か試してみて、ちょうど6セット終了時あるいは7セット中に疲労困憊に至る負荷をみつけておく

実施のポイント

ペダルの回転数
90 or 100回転／分

運動強度
最大酸素摂取量の170%

ペダリング
回転数を維持！

進め方

①負荷をセットし、自転車エルゴメータを20秒間こぐ
②回転数は90回転／分（あるいは100回転／分）を維持する
③20秒運動＋10秒休息を繰り返す
④回転数が下がりかけたら気合いを入れ直して回転数を戻す
⑤回転数を維持できなくなり、85回転／分を切った時点で終了

Q19 エリートアスリートはどんなふうにやってますか？

A スピードスケートエリートアスリートは体重7%の負荷を最大努力でこぎます

8セットを最大努力で運動する

典型的なタバタトレーニングは、すべてのセットを一定負荷で、90回転／分を維持するやり方で行いますが、これに対して、「最初のセットから最大努力でペダリング」するというやり方があります。

これはタバタトレーニングの生みの親である入澤孝一先生（⇒144ページ）が最初に行ったトレーニング方法です。長野オリンピック金メダリストの清水宏保選手をはじめ、スピードスケートの日本を代表するエリートアスリートが行っているやり方です。

負荷は体重の7%とします。モナーク社の自転車エルゴメータ、コンビスポーツ社のパワーマックスでは負荷（kp）で設定します。例えば体重70kgの場合には、4.9kg（kp）に設定します。

体重の7%の負荷で、1セットの最初から最大努力の運動（できるだけ速くペダルをこぐ）を20秒間行い、10秒の休息をはさんで8セット行います。セット数が進むと徐々にペダルの回転数が落ちてきますが、かまわず最大努力でこぎます。なんにしても8セットまですべて最大努力でペダルをこぎ続けます。

中学生や女子で体力が低い場合は、体重の7%で負荷を設定すると、3セット目くらいで運動を続けられなくなるかもしれません。その場合は負荷を下げましょう。

注目! エリートアスリートが実施する最大努力でペダリングするやり方に挑戦しよう！

負荷を体重の７％に設定し、最大努力で自転車エルゴメータのペダルをこぐやり方のタバタトレーニングもトレーニング効果は抜群だ。大学スキー部の選手男女８名（平均年齢 19 歳）を対象に、週 2 回、6 週間実施した研究では、最大酸素摂取量が 4.9 ± 2.2% 増加（⇒下の図）。その有効性は明らかだ。

最大努力でのタバタトレーニングの効果

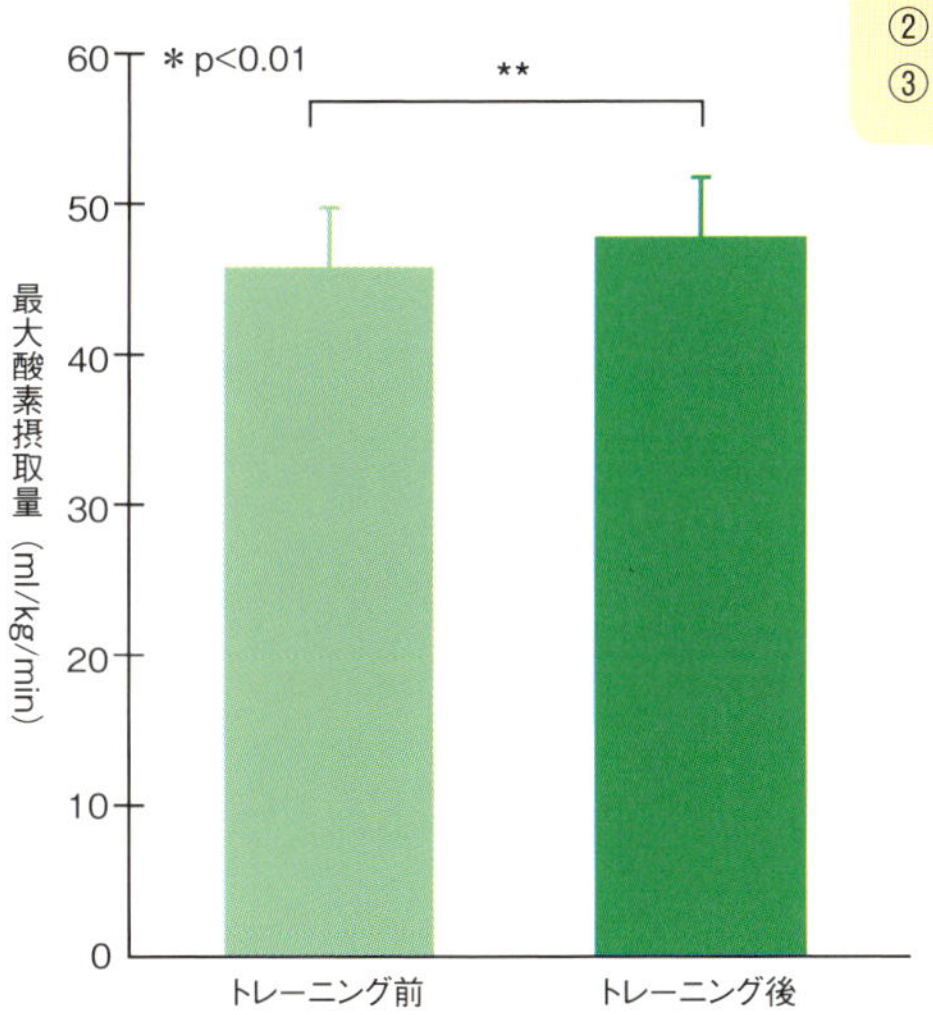

出典：弥永奈々，立命館大学スポーツ健康科学部卒業論文，2021 年度．

進め方

①負荷を体重の７％に設定し、自転車エルゴメータを最大努力でこぐ
② 20 秒運動＋ 10 秒休息を、８セット行う
③８セットすべて最大努力でペダリングする

実施のポイント

ペダルの回転数
最大努力で速く！

運動強度（負荷）
体重の７％

セット数
８セット

アドバイス！

運動が続けられそうにない場合はどうする？

- 回転数が落ちてきてもかまわず続ける！
- 最大努力が続くように「ガンバレ！」「いける！」と周りにいる人が声を掛ける
- ８セットいかずに動けなくなったら、次のトレーニングでは設定負荷を下げる

Q20 トレッドミル走の強度設定はどのくらいになりますか？

A ちょうど6セット終了時あるいは7セット中に速度に対応できなくなる速度で行います

トレッドミル走は運動量が確保できる

トレッドミル（ランニングマシン）を用いたタバタトレーニングでは、ちょうど6セット終了時あるいは7セット中に疲労困憊になる（速度に対応できずにトレッドミルから飛び降りる）速度で行います。そのような運動強度が最大酸素摂取量の約160％となります。

トレッドミルで最大酸素摂取量を測定できない場合には、複数の速度で20秒の走運動を10秒の休息をはさみ8セット行い、トライ&エラーで設定速度を決めます。

まずトレッドミルを設定速度で動かします。トレッドミルの傾斜は10％に設定しておきます。動いているベルトの上に、トレッドミルの横についている手すりをつかみながら飛び乗ります。

トレーニングを進めていくうちに7セット完了して8セットまでできた場合は、設定速度を上げましょう。6セットの途中でトレッドミルの速度についていけなくなった場合には設定速度を下げます。

筋力の弱い女性の場合、自転車エルゴメータでは決まった回転数に達するのに時間がかかり、タバタトレーニングとして望ましい運動量をこなすことができない場合がありますが、トレッドミルでは乗って走り始めたとたんに運動量が確保されるので、女性には自転車エルゴメータよりトレッドミルのほうがよいと思います。

注目! トレッドミルは10%の傾斜をつけて最大酸素摂取量の160%の速度で走ろう

トレッドミルでは最大酸素摂取量の約160%に相当する速度で行う。速度は全セット一定。転倒には十分気をつけて行うこと。10%の傾斜を走るのでアキレス腱に痛みが出るかもしれないが、痛みは通常数日でなくなる。痛みが続く場合には医師に診てもらおう。

準備

トレーニング導入前に何度か試してみて、ちょうど6セット終了時あるいは7セット中に疲労困憊になる速度をみつけておく

進め方

①傾斜(10%)と速度をセットし、動かした状態でベルトに飛び乗る
② 20秒走ったらベルトから降りて10秒休息
③ 20秒走る＋10秒休息を繰り返す
④速度に対応できなくなった時点で終了

実施のポイント

運動強度
最大酸素摂取量の160%

トレッドミルの傾斜
傾斜は10%

速度
全セット一定！

アドバイス!

転倒を防止して安全に行おう

- 持久力のある選手ほど速度が速いので転倒に注意する
- 転倒防止のためにハーネス（安全帯）を装着して行う
- 傾斜をつけることで速度を遅くできる

Q21 トレッドミルを使わないやり方はありますか？

A シャトルランを陸上の直線コースで行うやり方があります

走る時間は20秒でも走る距離は1人1人異なる

まずは、陸上競技場の直線コースや安全な直線道路で、20秒の走運動を行い、10秒の休息をはさんでぎりぎり8セット完走できる距離を決めます。設定距離は選手1人1人で異なります。

仮に距離を110mに設定したとして、コーチやマネージャーに、スタートから経過時間をコールしてもらい、ちょうど20秒で110mを走り終えます。最初のセットは楽に走れますが、無理に早く走り終える必要はありません。20秒かけて走ったらその場で10秒休息し、休息後に同じコースを20秒かけて走って戻ります。

セット数が進むと20秒で走り終えるのが難しくなってきます。8セットを最後まで走り切れなかったら、次のトレーニングでは距離を105mに縮めます。8セット走り終えることができたら115mに延ばします。こうすれば最大酸素摂取量を測定しなくてもタバタトレーニングを実施でき、走れる距離の長さから持久力の向上も実感できます。

大学陸上競技部の選手（平均年齢22歳）6名を対象に、週3回、6週間実施した研究では、最大酸素摂取量がトレーニング前と比較して4・39％有意に増加（$p<0.05$）しました。その有効性は明らかです（加藤慶彦、立命館大学スポーツ健康科学部卒業論文、2016年度）。

注目! 直線距離のシャトルラン（往復走）なら、同時に複数の選手がトレーニングできる！

設定した距離を 20 秒ちょうどで走るシャトルランでのタバタトレーニングでは、 距離の設定がポイントだ。大学生陸上競技選手では 100 ～ 120 mが目安。400 mの陸上競技場でのシャトルランなら、ホームストレッチとバックストレッチの両方の直線コースで、10 人以上が同時に行うことが可能だ。

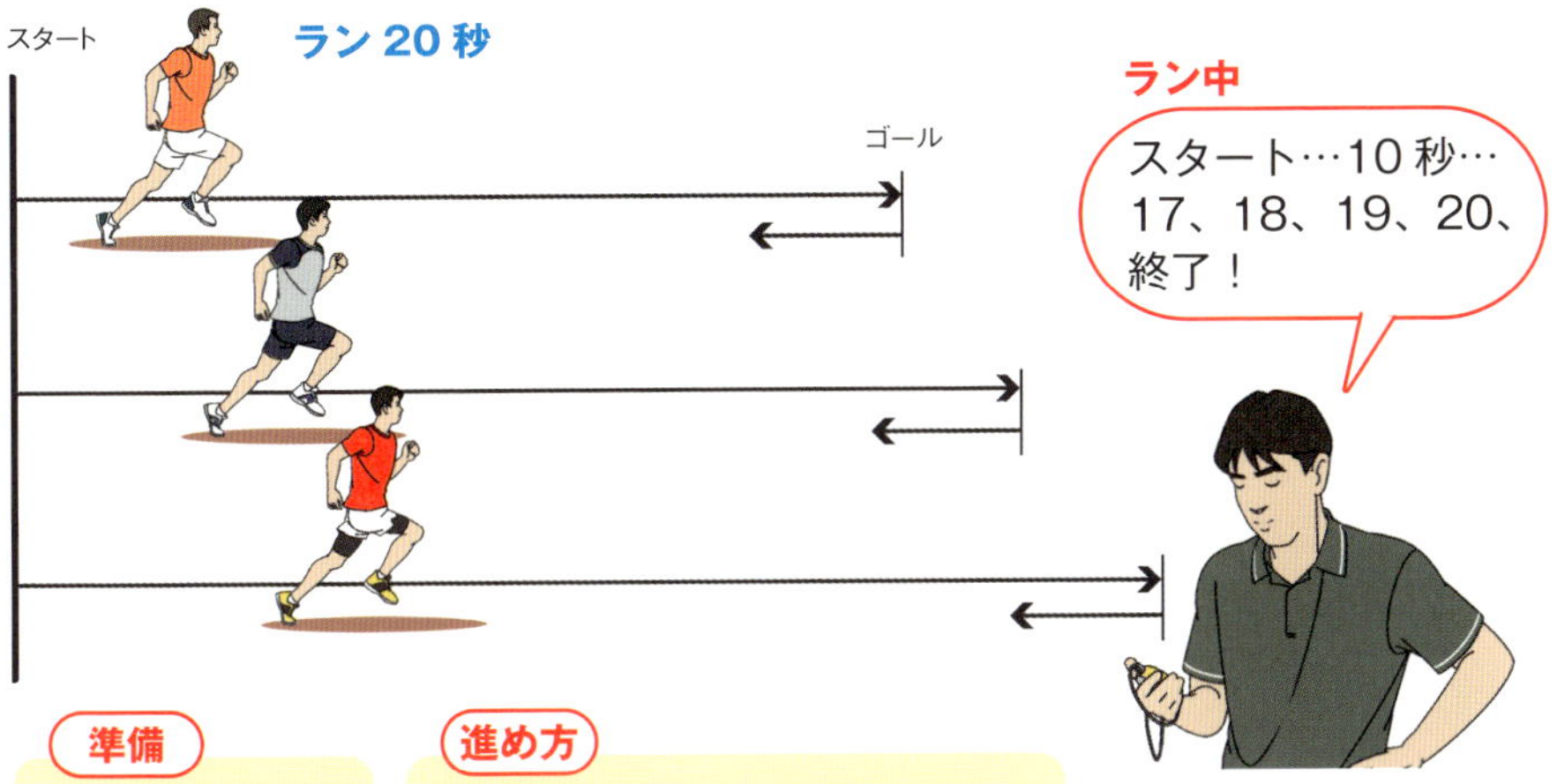

準備

トレーニング導入前に何度か試してみて、ぎりぎり８セット完走できる距離をみつけておく

進め方

①設定距離を 20 秒ちょうどで走り終える
② 10 秒休息し、同じコースを 20 秒ちょうどで戻って走り終える
③設定距離を 20 秒で走る＋ 10 秒休息を、８セット繰り返す

実施のポイント

距離の目安（大学陸上選手の場合）
110～120m

動作
20秒走り、10秒休息

セット数
8セット

アドバイス!

最大酸素摂取量がわからなくてもできる！

- ぎりぎり８セット走り切れる距離を設定しよう
- ８セット走り終えることができたら設定距離を延ばす
- ８セット走り切れなかったら設定距離を縮める

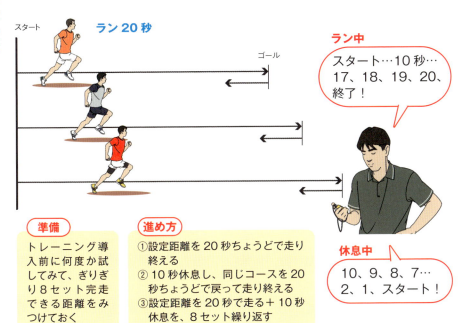

Q22 水泳選手はどんなやり方でやればいいですか？

A チューブで負荷をかける水中トレーニングでやってみましょう

スイムに近い動きで行う

水泳の水中運動で行うタバタトレーニングは、ゴムチューブの端を腰に取り付け、もう一方の端をスタート台に固定した状態で、全力で20秒間の水泳運動を、10秒の休息をはさんで8セット実施します。

大学水泳選手男女7名を対象に、タバタトレーニングとして、ゴムチューブ（ロングベルトスライダー「Strech Cordz 社製」）を用いて、週3回（月・水・土）6週間、全力で20秒間のプル泳とキック泳を交互に行った研究を紹介しましょう。タバタトレーニング以外に行った運動は、水泳部の通常の練習（週6回の水中練習）です。1日の練習は、時間としては2時間～2時間30分程度、泳距離としては4000～5000m程度です。

トレーニング効果を調べたところ、タバタトレーニング前の最大酸素摂取量53・1±6.6 ml/kg/minに対し、6週間のタバタトレーニング後の最大酸素摂取量は56・1±7.9 ml/kg/minと5.6％有意に増加しました（p<0.05、大型トレッドミルを用いた走運動で測定）（荒美彩子、立命館大学スポーツ健康科学部卒業論文、2019年度）。

研究ではプル泳を20秒、10秒休んでキック泳を20秒というように、腕の運動と脚の運動を交互に行いましたが、腕と脚を同時に使うクロールなどで行っても、同様の結果が出ると思います。

注目! ゴムチューブを用いて負荷をかけて全力で8セット泳ぐタバタトレーニング！

水中でゴムチューブを引っ張って泳ぐ練習は、水泳選手のトレーニングとして導入されているが、これをタバタトレーニング方式で行うことで、有効に競技力を高めることが可能だ。プル泳とキック泳を交互に計8セット、あるいはクロールなどの泳動作で8セット行ってもよいだろう。

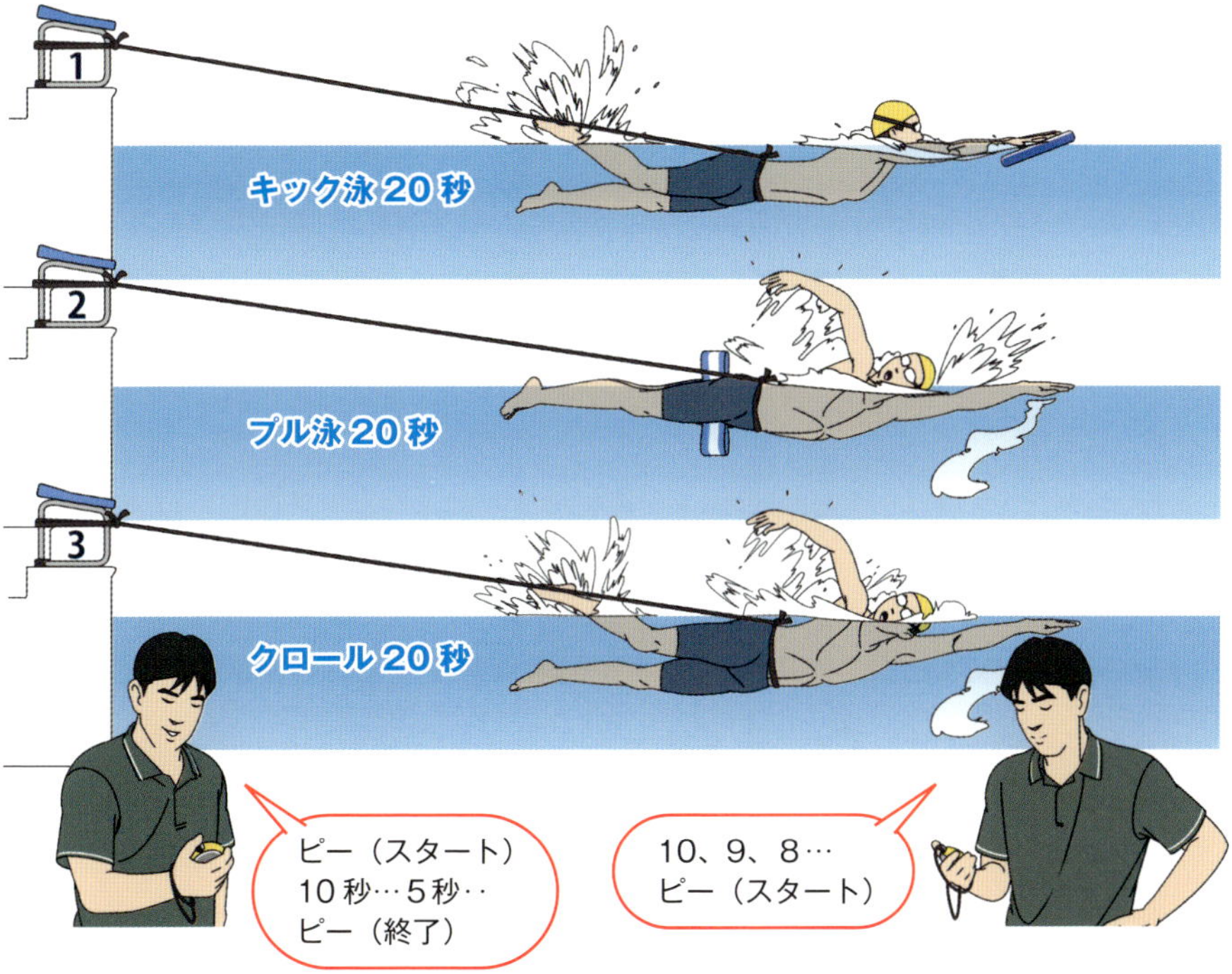

準備

水泳用のトレーニングチューブの端を腰に取り付け、もう一方の端をスタート台に固定する

進め方

①スタートと同時に 20 秒間全力プル泳を行う
② 10 秒休息後、20 秒間全力キック泳を行う
③プル泳・キック泳を交互に 4 回ずつ、計 8 セット泳ぐ
※クロールや平泳ぎなどの通常の泳動作でも OK

実施のポイント

運動強度
全力で泳ぐ

動作
20秒泳ぎ
10秒休息

セット数
8セット

Q23 水泳タバタトレーニングのバリエーションはありますか？

A お勧めはシュノーケルを用いた全力水泳タバタクロストレーニングで

大学水泳部員が実施した研究では、通常の水泳トレーニングに加えて週3回、6週間、このトレーニングを行うと、自転車エルゴメータ運動の最大酸素摂取量が約7%増加することがわかりました。通常の水泳トレーニングだけでは、最大酸素摂取量に変化はみられませんでした（松浦麻也加、立命館大学スポーツ健康科学部卒業論文、2016年度）。

また、全力水泳タバタクロストレーニングの最後のプル泳のときの酸素摂取量は、自転車エルゴメータ運動でのタバタトレーニングの最大酸素摂取量と有意差がありませんでした。つまり、このトレーニングは、有酸素性エネルギー供給機構に、自転車エルゴメータ運動とほぼ同程度の刺激を与えていることがわかりました。

プル泳とキック泳を全力で交互に行う

シュノーケルを用いた全力水泳タバタクロストレーニングは、泳者と補助者の2人1組で行います。泳者はシュノーケルをつけて、水中で20秒間クロールの上半身を用いたプル泳と、同じく水中で20秒間クロールの下半身を用いたキック泳を、10秒の休息をはさんで交互に、計8セット全力で行います。

プル泳、キック泳ともに、補助者に押さえてもらい、その場で泳ぎます。プル泳のときには、補助者は泳者の足首を持って固定します。キック泳のときには、10秒の休息中に頭のほうに移動して泳者の肩を押さえます。

注目! シュノーケルを装着してプル泳とキック泳を交互に行う全力水泳タバタクロストレーニング！

プル泳とキック泳を交互に繰り返すこのトレーニングは、タバタトレーニングのベーシックである自転車エルゴメータ運動と同様に有酸素性エネルギー供給機構に大きな刺激を与えることが可能。上半身と下半身の交互運動だからこそ、水泳でも心臓を最大酸素摂取量のレベルにまで追い込めるというわけだ。

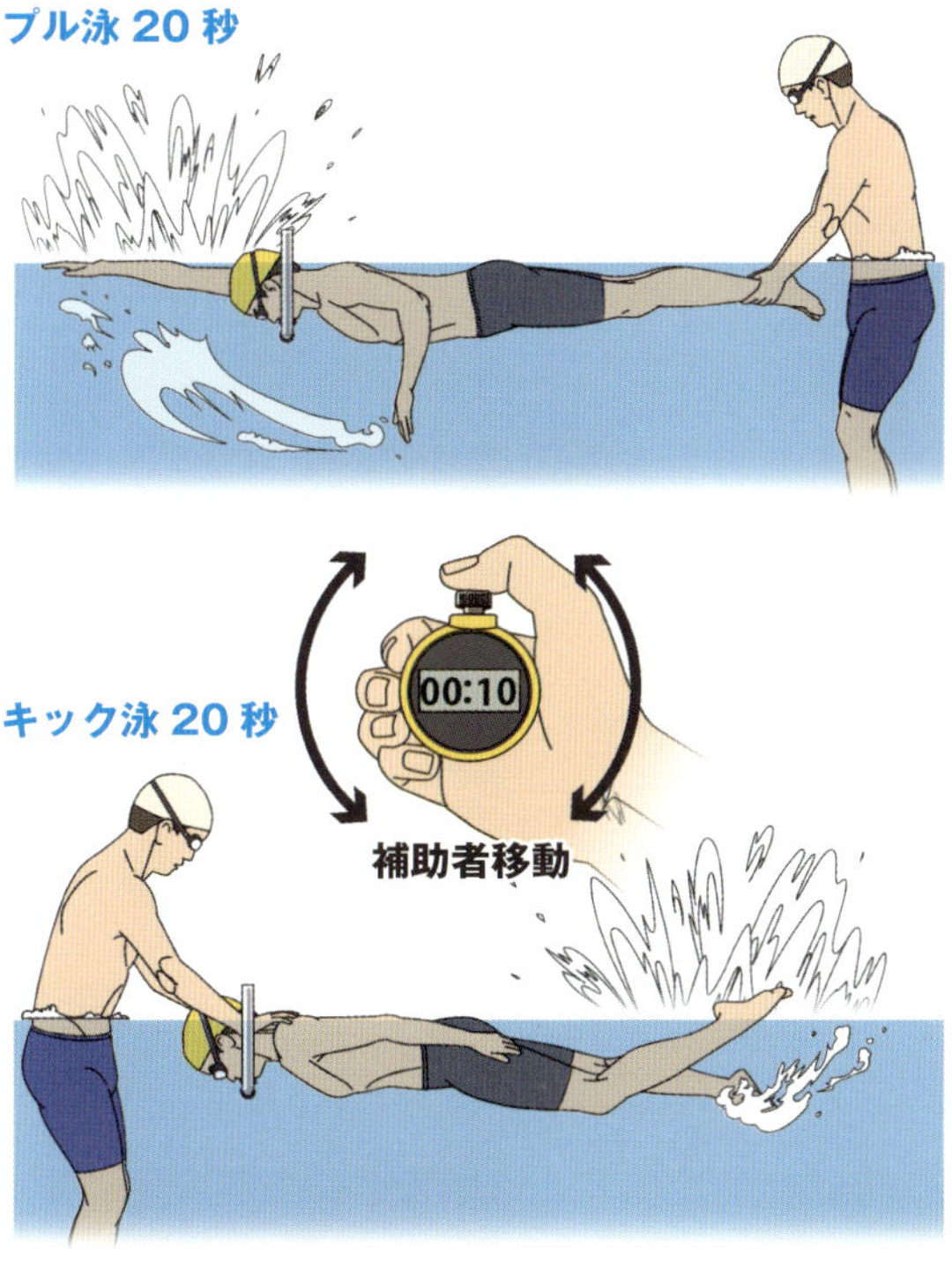

準備

ウオーミングアップで 10 分間泳ぎ、シュノーケルをつける

進め方

① 20秒間全力プル泳を行う。補助者はプル泳の間、泳者の足首をつかみ固定する
② 10 秒の休息中に補助者は泳者の頭のほうに移動する
③ 20 秒間全力キック泳を行う。補助者はキック泳の間、泳者の肩を押さえる
④全力プル泳と全力キック泳を、10 秒の休息をはさみながら交互に 4 回ずつ、計 8 セット泳ぐ
※シュノーケルを使わず通常の息継ぎで行うことも可能

実施のポイント

運動強度
全力で泳ぐ

動作
プル泳とキック泳

セット数
交互に計8セット

アドバイス!

全力でもフォームを意識して泳ぐこと！

- 最初からできるだけ強くプルを行う
- 最後まで力を抜かずにキックをしよう
- フォームが乱れないように水をとらえて泳ぐ

Q24 スイムミルが利用できる環境ではどうやりますか？

A プル泳とキック泳を交互に用いた水泳タバタクロストレーニングを行います

まずプル泳とキック泳の速度を決めよう

スイムミルを使った自由形水泳の例を紹介します。水が一定の速度で流れる高額な機器を用いますので、エリートスイマーが行うトレーニングです。

最初にスイムミルでプル泳とキック泳の速度を決めます。速度はトライ&エラーで行い、20秒間、プルあるいはキックで泳ぎ、10秒の休息をはさみ、6セットを終了できた場合の速度、あるいは7セット中についていけなくなった場合の速度とします。一般にはプル泳のほうがキック泳よりも速い速度になります。6セットできない場合はスイムミルの速度を下げてもう一度行い、7セット泳げた場合は速度を上げてもう一度行います。

プル泳とキック泳の速度が決定したうえで、水泳タバタクロストレーニングを行います。プル泳とキック泳を設定速度で20秒、10秒の休息をはさんで交互に行います。

この水泳クロスタバタトレーニングについては、水泳中あるいは自転車エルゴメータ運動の最大酸素摂取量を増加させるか否かについての研究結果はありませんが、トレーニングの最後のセットの酸素摂取量は、自由形水泳の最大酸素摂取量に近い値となっているようです（原怜来と田畑泉、未発表資料）。この結果は、スイムミルを使った水泳タバタクロストレーニングによって、水泳中の最大酸素摂取量が増加する可能性を示しています。

注目! スイムミルでの水泳タバタクロストレーニングはプル泳とキック泳で速度を変える点が重要だ!

スイムミルを使った水泳タバタクロストレーニングでは、プル泳とキック泳で設定速度を変える必要がある。これはプル泳とキック泳では泳ぐ速度が異なるためだ。有酸素性エネルギー供給機構に有効な刺激を与えるためにも、日ごろの泳速を基準に何度か試してみてプル泳とキック泳の適正速度をみつけよう。

スタート前
・休息時

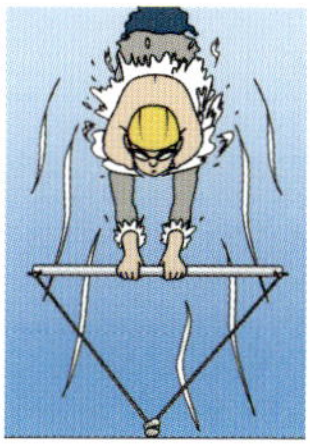

進め方

①スイムミルに入水し、紐のついたバーなどにつかまる
②スイムミルの流速をプル泳の速度にする
③「はじめ」の合図と同時にバーから手を離し、プル泳を始める。両脚にプルブイをはさみ上半身で泳ぐ
④20秒後、「おわり」の合図と同時にバーをつかむ
⑤10秒の休息の間に、スイムミルの流速をキック泳の速度にする
⑥「はじめ」の合図と同時にバーから手を離し、キック泳を始める。両手でビート板を持ち下半身で泳ぐ
⑦プル泳とキック泳を、10秒の休息をはさみながら、交互に4回ずつ、計8セット泳ぐ

プル泳20秒

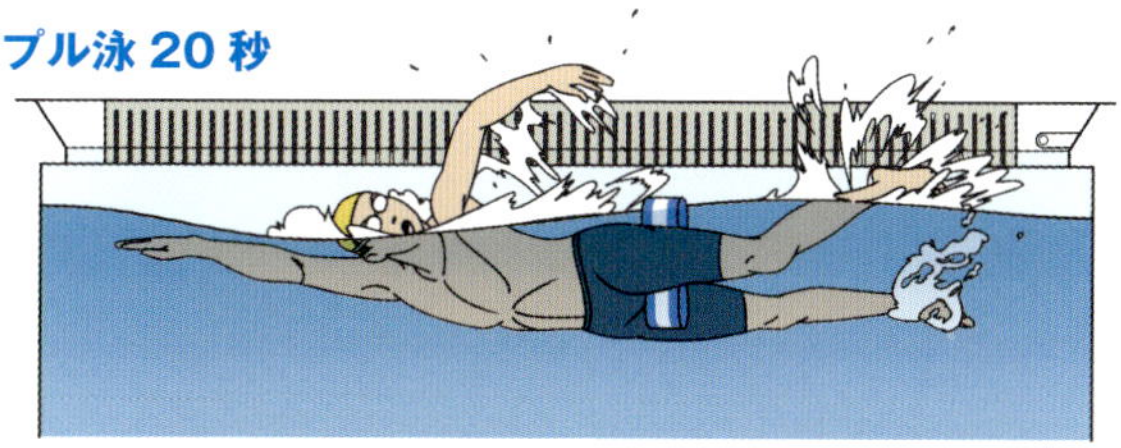

キック泳20秒

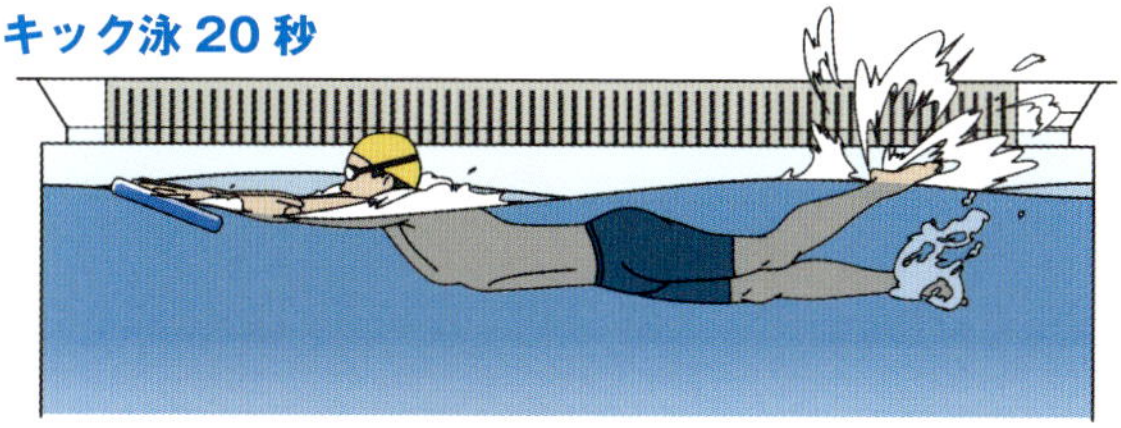

実施のポイント

運動強度
適正速度をみつける

動作
プル泳とキック泳

セット数
交互に計8セット

アドバイス!
スイムミルの流速の決め方は?

- 日ごろの泳速を基準にトライ&エラーで決める
- プル泳もキック泳も各泳法で6セットを終了できた場合の速度とする
- あるいは7セット中についていけなくなった場合の速度とする

Q25 ドライランドでも効果はありますか？

A 水泳選手のための自転車タバタトレーニングでタイム向上が期待できます

6セットちょうどか7セットで疲労困憊！

自転車エルゴメータがあれば、水中に入ることなくタバタトレーニングを実施できます。自転車エルゴメータを用いた水泳選手のための自転車タバタトレーニングのやり方は、36ページに紹介した通りです。その効果は、水泳選手を対象とした次の研究で明らかにされています。

大学水泳選手を対象に、最大酸素摂取量の170％の運動強度で、20秒間の運動を10秒間の休息をはさんで6～7セットで疲労困憊に至る、自転車エルゴメータ運動によるタバタトレーニングを行いました。トレーニング群の6名は、6週間、週6回の水泳部の通常の練習に加え、この自転車タバタトレーニングを週3回行いました。コントロール群の4名は、6週間、週6回の水泳部の通常の練習のみを行いました。

その結果、トレーニング群では、最大酸素摂取量がタバタトレーニング導入前後で10・7％増加しました（56・6±2.5→62・7±4.3 ml /kg /min）。最大酸素借もタバタトレーニング導入後に増加しました（53・1±12・5→57・9±14・2 ml/kg）。一方、コントロール群では、最大酸素摂取量、最大酸素借ともに変化はありませんでした。競泳のタイムは、トレーニング群が改善率1.5％、コントロール群が0.3％でした（上藪由貴、立命館大学スポーツ健康科学部卒業論文、2013年度）。

注目! 水泳選手のための自転車タバタトレーニングでスイムのタイムの向上が狙える

水泳選手は日々、長時間に及ぶトレーニングを行っているが、50ページで紹介したように通常の水中練習だけでは最大酸素摂取量および最大酸素借は増加しない。通常の水中練習に自転車タバタトレーニングのような高強度運動をプラスして、有酸素性と無酸素性のエネルギー供給量を増やすことが、タイムの改善には必須だ。

実施のポイント

ペダルの回転数
90or100回転／分

運動強度
最大酸素摂取量の170%

ペダリング
回転数を維持！

アドバイス!

タバタトレーニングで記録向上を図ろう

- 水中練習だけでは最大酸素摂取量、最大酸素借は増えない
- タバタトレーニングで最大酸素摂取量、最大酸素借が増える
- 体力が向上するのでスイムのタイムも確実に改善する！

Q26 球技スポーツではどんなやり方で行うといいですか？

A 三角走をタバタトレーニングのやり方で練習に取り入れてみましょう

さまざまな走動作を取り入れて行おう

球技では、直進走、サイドステップ、バック走といったさまざまな走動作を、進行方向を変えながら繰り返します。球技選手向けに、球技にみられる走動作を取り入れたタバタトレーニングとその効果を紹介します。

3つの点を結んだ三角形のコースを走る三角走は、さまざまな球技スポーツで体力トレーニングの1つとして導入されていますが、これをタバタトレーニングのやり方で行います（⇓53ページ）。

大学ラクロス女子選手が、週3回、6週間、タバタトレーニングのやり方で三角走を行ったところ、最大酸素摂取量がトレーニング前後で8.1％有意に増加しました（46・0±4.1↓49・9±4.7 ml/kg/min）（越智慶太、立命館大学スポーツ健康科学部卒業論文、2016年度）。

また、試合期に実施した大学ラクロス男子選手を対象とした研究では、週3回、6週間このトレーニングを行ったところ、最大酸素摂取量がトレーニング前後で5.3％有意に増加しました（57・5±3.7↓60・5±4.0 ml/kg/min）。一方、タバタトレーニングを行わなかったコントロール群では、最大酸素摂取量が有意に低下していました（平田将司、立命館大学スポーツ健康科学部卒業論文、2015年度）。

この結果から、試合期にタバタトレーニングを行えば体力の低下を防げることが理解できます。

注目! 試合期に生じる体力低下を防ぐために、試合期にもタバタトレーニングを行おう！

試合期は戦術中心の練習になるため、通常持久力が低下するが、大学ラクロス男子選手の結果（⇒ 52 ページ）からわかるように、試合期にタバタトレーニングを行えば体力の維持・向上を図ることができる。週２回でもいいので試合期に導入して、最も大切な試合期の最後の試合をよいコンディションで迎えよう。

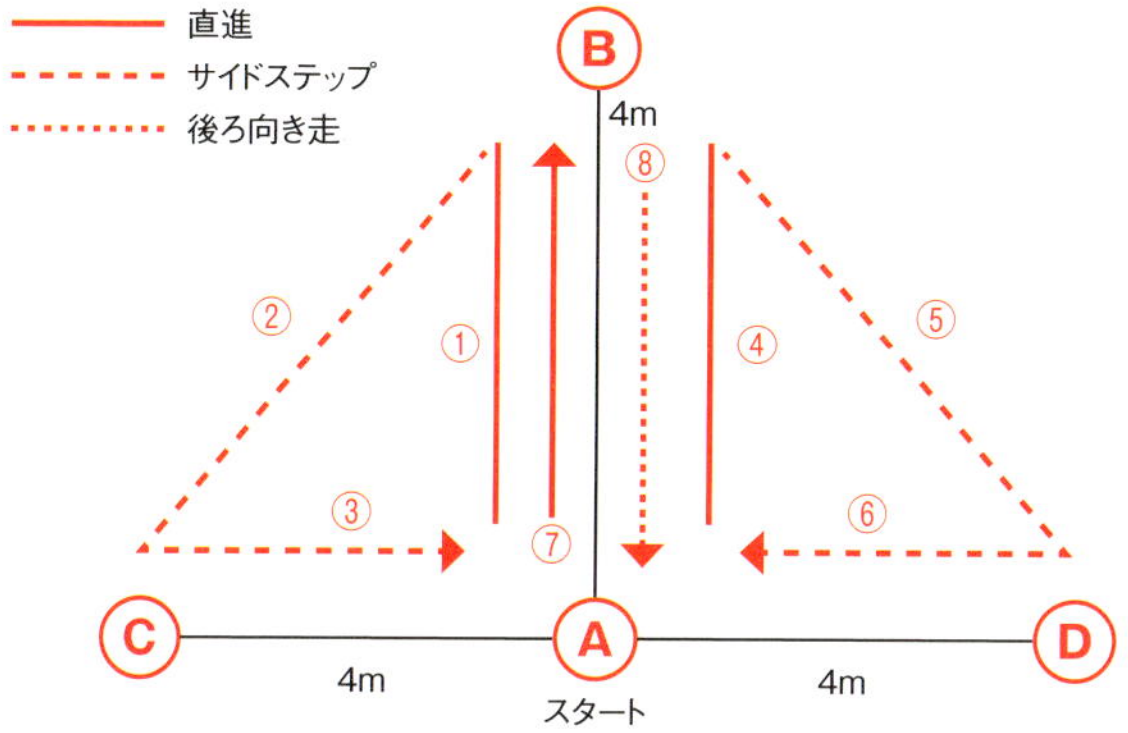

準備

４つのマーカー ＡＢＣＤ を左の図のように配置する

進め方

① Ａから Ｂに向かって直進
② Ｂから左後ろの Ｃに向かってサイドステップ
③ Ｃから Ａを目指してサイドステップ
④ Ａから①と同様に Ｂに向かって直進
⑤ Ｂから右後ろの Ｄに向かってサイドステップ
⑥ Ｄから Ａを目指してサイドステップ
⑦ Ａから①と同様に Ｂに向かって直進
⑧ Ｂから正面を向いたままバック走で Ａに戻る
⑨ 20 秒間、①～⑧の移動をできるだけ早く連続して行う
⑩ 10 秒の休息後、Ａから再開する

実施のポイント

運動強度
最大努力で速く！

距離
マーカーの端まで移動

セット数
８セット

アドバイス!

三角走を行う際に注意すべき点は？

- 後ろに進む際は必ずバック走を行う
- 横移動はサイドステップで走る
- 身体の向きはスタート時の向きを維持する

Q27 サッカーではどんなふうにやっていますか？

A ダッシュ、ターン、パスの往復走でやっています

サッカー動作を採用したタバタトレーニング

サッカーは瞬発的な全力ダッシュを繰り返すスポーツです。サッカー選手のためのサッカータバタトレーニングでは、ダッシュをメインとして、ターンと、ボールを用いてパス動作も加えた往復走で行うやり方があります（⇒55ページ）。

ダッシュ、ターン、パス動作を含む往復走を20秒間全力で行い、休息10秒をはさんで8セット繰り返すという、サッカー動作を用いたサッカータバタトレーニングを、大学体育会サッカー女子部に所属する7名を対象に、週2回、6週間の計12回行いました。

その結果、最大酸素摂取量はトレーニング後、8.5±4.2％と有意に増加しました（45・4±3.3→49・1±2.3ml/kg/min）($p<0.001$)。

このサッカータバタトレーニングは、新型コロナウイルス感染症の感染拡大防止のために、学生のみなさんが大学に行けない期間に行われました。通学できず、学生生活が大幅に制限された中で行われましたが、サッカー動作を用いたこの高強度・短時間・間欠的トレーニングは、わずか12回のトレーニングにもかかわらず、有酸素性エネルギー供給機構に十分な負荷をかけ、最大酸素摂取量が大きく上昇したと考えられます（塚越美海、立命館大学スポーツ健康科学部卒業論文、2020年度）。

注目! サッカータバタトレーニングはサッカー選手の有酸素性エネルギー供給機構の能力を高める!

サッカーは、ダッシュ、ストップ、方向転換、ジャンプなどを行いながら、前後半45分の合計1時間半ボールを追い続けるスポーツだ。タバタトレーニングで持久的体力を高めていけば、後半でもキレのある全力ダッシュができるようになる。試合の後半でも活躍できる場面が増えるはずだ。

準備

コーンをスタート地点と10m先に置く。スタート地点から4mのところ（10m先のコーンとは反対側）にパサーがボール出しとしてつく

進め方

①スタート地点から、10 m先のコーンに向かってダッシュする
②コーンの先を手で触れてターン
③ターン後、スタート地点にダッシュで戻る
④戻ったタイミングでパサーがパスを出す
⑤パサーが蹴ったボールを正確に蹴り返す
⑥再び10m先のコーンに向かってダッシュする。
⑦この一連の運動を20秒間、全力で繰り返す
⑧ 10秒間休息し、スタート地点から再開する

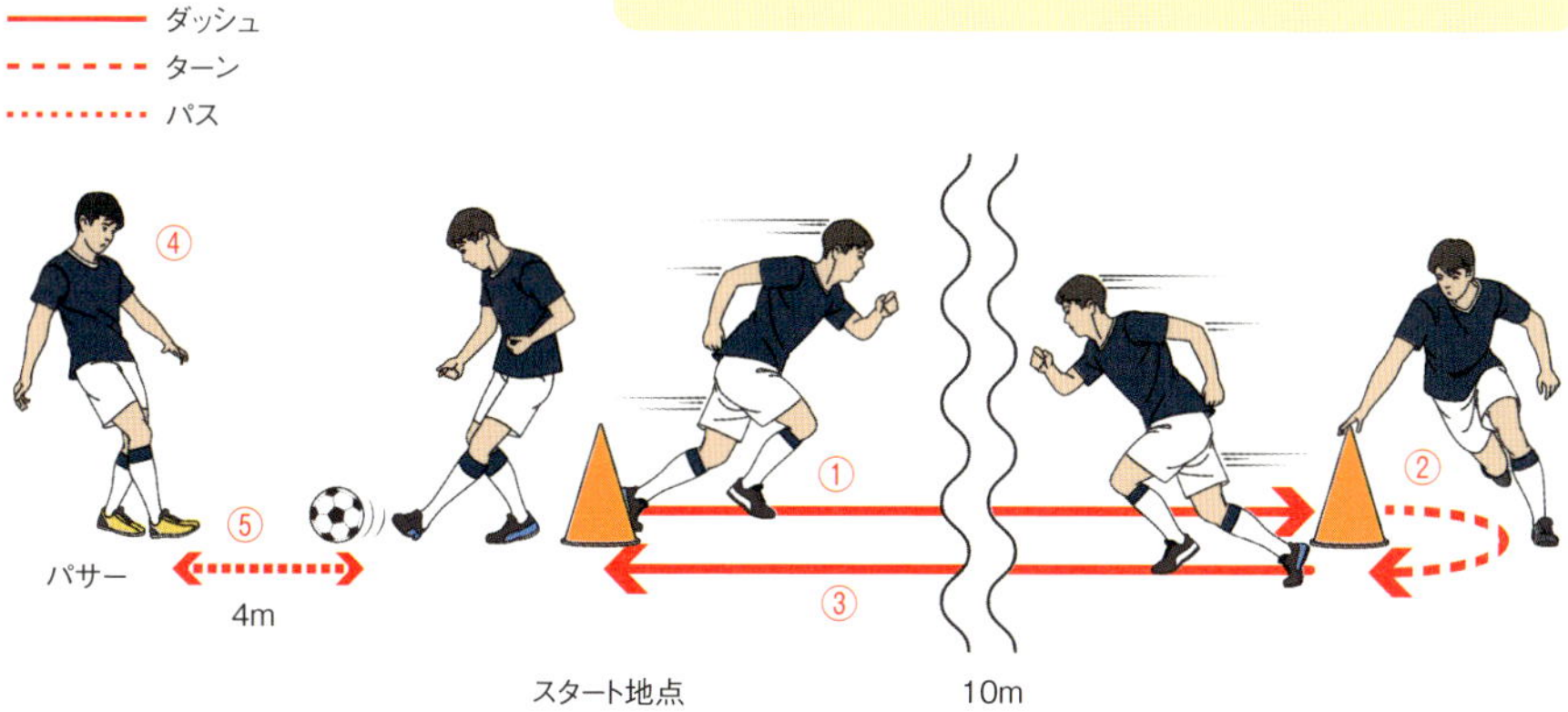

アドバイス!

パス動作ではパスの正確性にも気をつけて行おう!

- ダッシュもターンも全力で行う
- パサーから出されたボールを正確に蹴り返す
- パサーは、実施者がスタート地点に戻ったタイミングですぐにボールを蹴れるようにパスを出す（実施者の動きを止めないようにする）

実施のポイント

運動強度
全力でダッシュ

動作
正確にパス

セット数
8セット

Q28 バドミントンではどんなやり方がありますか？

A フットワーク系の運動とジャンプ系の運動を全力でコート内で行います

バドミントンのプレーに類似した動きで行う

バドミントンは、フットワークを駆使して前後・左右・上下・斜めなど、あらゆる方向にコートを移動し切り返しながら、シャトルをノーバウンドで打ち合うスポーツです。

スピード、技術、スタミナが必要とされ、特に無酸素性エネルギー供給機構の能力（素早い動作を継続する能力）と、その能力を試合中発揮し続けるための有酸素性エネルギー供給機構の能力（持久力）は、競技力向上を望むバドミントン選手には欠かせないものです。

バドミントン選手のタバタトレーニングでは、こうしたバドミントンのプレー中にみられるフットワークの運動と、ジャンプ系の動作の運動を組み合わせて行います（⇒57ページ）。最大努力で20秒間運動し、休息を10秒間はさんで、次の運動を行うというスタイルで、8セット行います。

このバドミントンタバタトレーニングの体力向上効果は絶大で、大学体育会女子バドミントン部に所属する8名を対象に、7週間にわたって基本的には週3回、計21回（一部選手は30回）実施した研究では、最大酸素摂取量がトレーニング後に8.5±4.2％有意に増加しました（45・4±3.3→49・1±2.3 ml/kg/min）（$p<0.001$）（安藤理子、立命館大学スポーツ健康科学部卒業論文、2020年度）。

注目! バドミントンタバタトレーニングは選手の最大酸素摂取量を有意に増加させる!

バドミントンでは、サイドラインタッチとジャンプ系の動作を交互に行うトレーニングA、コート内前後走とジャンプ系の動作を交互に行うトレーニングBの2パターンを、日を変えて交互に実施する。このバドミントンタバタトレーニングの効果は、最大酸素摂取量が有意に増加したことからも明らかだ。

進め方

①運動1を20秒間全力で運動し、10秒休息する
② 10秒休息後、運動2を20秒間全力で行う
③運動1、3、5、7はバドミントン競技でみられる動作の運動で、ラケットを持って行う
④運動2、4、6、8は自体重でのジャンプ系動作の運動
⑤運動1～8を、10秒の休息をはさみながら順番に行う
⑥トレーニングAとBは、日を変えて交互に行う

	トレーニングA	トレーニングB
運動1	シングルスのサイドラインタッチ	コート内前後走
運動2	バーピージャンプ	バーピージャンプ
運動3	シングルスのサイドラインタッチ	コート内前後走
運動4	片脚腿上げ	片脚腿上げ
運動5	シングルスのサイドラインタッチ	コート内前後走
運動6	両足腿上げジャンプ	両足腿上げジャンプ
運動7	シングルスのサイドラインタッチ	コート内前後走
運動8	ジャンピングジャック	ジャンピングジャック

アドバイス!

バドミントンのプレー中にみられるフットワークはラケットを持って行おう!

- サイドラインタッチは、コート内を横方向に走ってラケットでサイドラインをタッチ、素早く切り返して反対方向のサイドラインをタッチする
- コート内前後走は、前方に走ってラケットでネットをタッチ、素早く切り返してバック走で後方に移動しエンドラインを踏む

実施のポイント

運動強度
全力で動く

動作
20秒運動、10秒休息

セット数
8セット

Q29 ラグビーではどのように行っていますか?

A ダウンの動作を入れたダウン走を10mの距離で全力で往復します

ダウン走でのタバタトレーニング

ラグビーはポジションによって求められる役割が異なりますが、フィジカルでは共通してタフに走り続けるスタミナ、つまり持久力が必要とされます。また、ラグビーといえばボールを持った相手選手を捕まえて地面に倒すタックルが特徴的なスポーツで、倒れたり崩れたりした体勢から立ち上がって再び走り出すシーンが試合中に数多くみられます。

そこでラグビーでは、10mの直線距離を全力で往復するダウン走をタバタトレーニングとして採用しています。このトレーニングは、立った状態からスタートし、全力で10m走ったところで切り返して進行方向とは逆向きにダウンし、立ち上がってスタート地点に全力で走って戻って切り返してダウンするという運動を、20秒間繰り返し、10秒の休息をはさんで8セット行います。ダウンは、地面にうつ伏せになり胸を地面につけた状態としました。

ダウン走によるラグビータバタトレーニングの有効性は、男子大学ラグビー選手9名(平均年齢20歳)を対象とした研究で確認済みです。最大酸素摂取量がトレーニング前後(49・3±3.4→52・1±5.6 ml/kg/min)で6.5%有意に増加しました(p<0.00)(古井孝和、立命館大学スポーツ健康科学部卒業論文、2016年度)。

注目! ダウン走では距離設定が重要なポイント。タバタトレーニングでは少なくとも 10 mに！

切り返し動作を含む走運動を採用する場合には距離設定が大切だ。ラグビーで採用したタバタトレーニングの最終セットの酸素摂取量は、10 mではほぼ走運動の最大酸素摂取量に到達したが、5 mでは最大酸素摂取量に到達しなかった。つまり、距離は少なくとも 10 mは必要だ。

準備

スタート地点と直線で10 mの場所にマーカーを置く

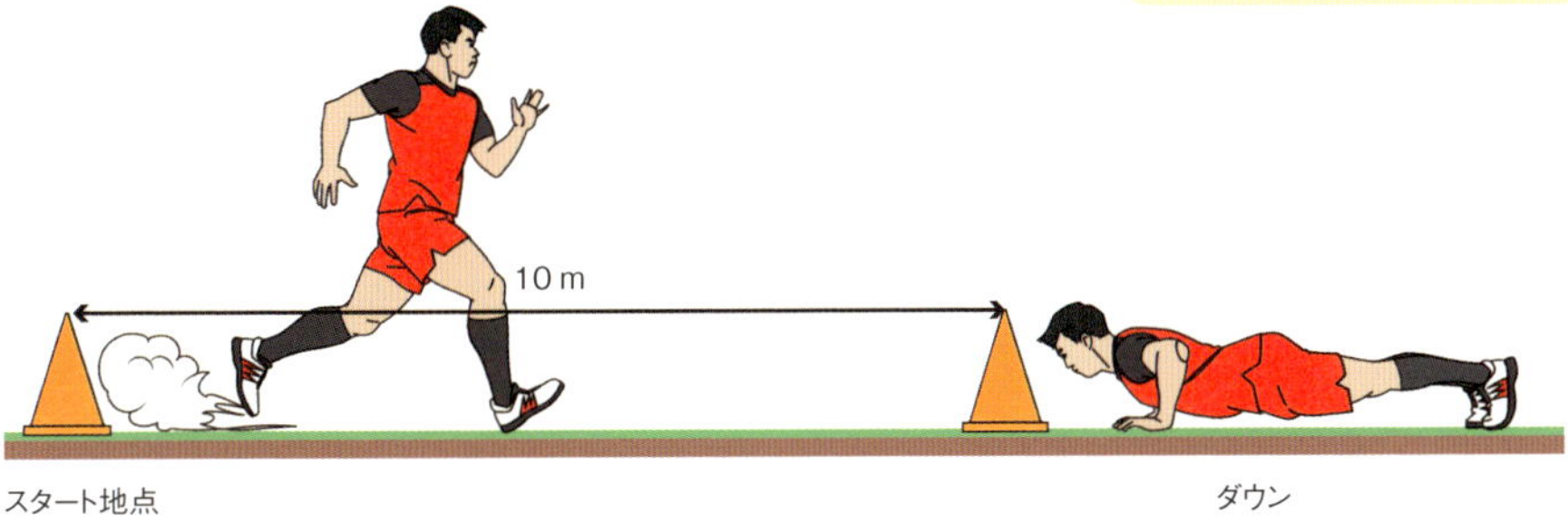

進め方

①スタート地点に立ち、マーカーに向けて全力で走る
②マーカー到着後、切り返して反対方向に向いてダウン
③素早く立ち上がってスタート地点に向かって全力で走る
④スタート地点到着後、切り返して反対方向を向いてダウン
⑤①～④をできるだけ速く、全力で 20 秒間繰り返す
⑥ 10 秒休息し、①から運動を再開する

アドバイス!

ダウン走の距離は必ず10m にすることが大事！

- ダウン走の距離を 5 m にすると負荷が低くなることがわかっている。エビデンスに基づく 10m を必ず守って全力で行うこと
- ダッシュもダウンも、立ち上がりも全力で！
- 何回往復できたか毎回記録をとろう

実施のポイント

運動強度
全力で走る

距離
直線10m

セット数
8セット

Q30 剣道ではどのようにしてやればいいですか?

A フレッシュな状態で掛かり稽古を最大努力で行います

20秒間の掛かり稽古を8セット行う

剣道では「掛かり稽古」という練習を行います。技を出す掛かり手と技を受ける元立ちが相対し、掛かり手が元立ちに連続で技を出していく練習法です。

剣道タバタトレーニングでは、この掛かり稽古を最大努力で20秒間、10秒間の休息をはさんで8セット行うというタバタトレーニング方式で実施します。

剣道タバタトレーニングを大学剣道部員が行ったところ、最大酸素摂取量が、男子(7名)では6週間、週3回の実施で6.8%、女子(14名)では11週間、週3回の実施で15%も有意に増加しました(田畑泉、前田顕、相原清乃、街勝憲、東郷将成、恵土孝吉、剣道における高強度・短時間・間欠的トレーニング:タバタ式掛かり稽古による最大酸素摂取量の増加、武道学研究、54:1-13、2021)。

剣道部の監督からは、「(剣道タバタトレーニングを実施して)試合中に足が止まる機会が少なくなり反応が早くなった。打つ前の攻めに入る速さや打った後に相手から抜けるスピードが速くなった」とコメントがあったそうです。剣道の動作を用いたタバタトレーニングが好成績の一助となった可能性が考えられます。

同様の掛かり稽古を全日本選手権者がすでに行っています。現場で実践されているトレーニングの有効性が、研究によって明らかになった一例です。

注目! タバタ式掛かり稽古で最大酸素摂取量15%増！フレッシュな状態で行うことで成果がアップ！

剣道女子部員の研究では高い効果が得られたが（⇒60ページ）、これは掛かり稽古によるタバタトレーニングを、すべての練習の最初に心身ともフレッシュな状態で行ったこと、試合期にも導入したことが影響している。トレーニング効果を上げるためには、タバタトレーニングを行うタイミングにも注目しよう。

進め方

①掛かり手は20秒間連続で技をかけ続ける
②10秒休息後に、再び20秒間技をかけ続ける
③20秒の掛かり稽古を計8セット行う
④元立ちは掛かり手の動きが止まらないように誘導する

実施のポイント

運動強度
最大努力で行う！

動作
20秒運動、10秒休息

セット数
8セット

アドバイス！

掛かり稽古をタバタ式で行う際の注意すべき点は？

- 制限時間まで動作を止めない
- 無茶苦茶に打ち込まず、あいているところを狙って打つ
- きつくなると動作が遅くなるので、元立ちが動いて動きを引き出す
- なるべく小さく鋭い打突で、遠くまですり足で抜けていく

Q31 水球用のタバタトレーニングはありますか?

A 手指し跳びとアニマルを動作に採用してタバタトレーニングを行います

全身運動が可能な動作で行う

水球は、試合中にプールの底に足をつけない状態でボールを奪い合う激しいスポーツです。体力要素としては瞬発力と持久力が求められます。水球タバタトレーニングでは水球動作で実施しますが、実施に際してはトレーニング効果の高い動作を選択することが重要です。

中学生男子水球選手10名を対象に、十分なウオーミングアップ後、20秒間の高強度運動を10秒間の休息をはさんで計8セット実施したところ、全身を使って指示された方向に跳び上がる動作（手指し跳び）時に心拍数が最も高く189±11拍／分（92±5% HRmax）であり、水球選手がプールで行う水球タバタトレーニングの強度としては有効であることがわかりました。

手指し跳びとは、笛が鳴って手で示された方向に跳びつき動作を素早く行い、はじめの定位置に戻ることを繰り返す運動です。手で示す方向は①上方、②左右、③前方、④後方、⑤斜め前、⑥斜め後ろ、⑦回転の7方向です。

また、水球特有のアニマルという、1対1での沈め合い（試合では反則）やゴール前のポジションを維持あるいは奪う動作を連続して行うトレーニングも、手指し跳びと同等の心拍数（平均184拍／分）でした。このことから、アニマルも水球タバタトレーニングとして、ふさわしいということがわかりました。

出典:西澤と大島. 中学生水球選手における水中での高強度インターバルトレーニングに関する研究. 京都滋賀体育学会第153回大会. 2024年3月.

注目！ 最大酸素摂取量を高める強度となる全身運動の手指し跳び、アニマルで行おう

水球タバタトレーニングは、全身運動の手指し跳びやアニマルといった動作がお勧めだ（⇒ 62 ページ）。理由は、下半身中心の動作であるバタ足やフローティングでは、最大酸素摂取量を高める強度には至らないからだ。運動に用いる筋量が多いほうが強度は高くなる。実証された効果的な動作で実施しよう。

準備

ウオーミングアップを十分に行う

手指し跳び 20 秒

アニマル 20 秒

進め方

①スタートと同時に、補助者が指示した方向に素早く跳びつき動作を行う
②動作後すぐにスタート時の定位置に戻り、次に指示された方向に素早く動く
③ 20 秒間、指示された方向への跳びつき動作をできるだけ早く連続して行う
④ 10 秒休息後、手指し跳びを再開する
※手指し跳びの場合の進め方

実施のポイント

運動様式
手指し跳び、アニマル

動作
20秒運動、10秒休息

セット数
全力で８セット

アドバイス！

全力で実施できるようにやり方を工夫しよう！

- １対１で行うアニマルは相手が存在するため、闘争心が加わり全力で取り組める
- 手指し跳びでは跳び上がる方向をランダムに指示されるため、集中が続き全力を保てる

Q32 タバタクロストレーニングにはどんな例がありますか？

A 自転車エルゴメータ運動とトレッドミル走、水泳のプル泳とキック泳などがあります

2つ以上の異なる筋肉を使って行う

本書では、タバタクロストレーニングを、2つ以上の異なる種類の運動（異なる筋肉を使う運動）を組み合わせたトレーニングと定義しています。代表的な例は、自転車エルゴメータ運動とトレッドミルを用いた走運動を交互に行うタバタクロストレーニングです。

自転車エルゴメータ運動は太ももの筋肉を動かす運動、走運動はどちらかというと下腿（ふくらはぎ）の筋肉を動かす運動です。どちらも下肢の筋肉ですが、動かす筋肉が交互になることから脚は疲労困憊には至らず、一方で、心臓には最大運動をしたときのような通常のタバタトレーニングと同様の負荷をかけることが可能です。

トレーニングには部位特異性（⇓90ページ）という原理がありますが、自転車運動と走運動を実施するトライアスロン競技では、このタバタクロストレーニングはバイクとランを兼ねた一石二鳥のトレーニングになり、トレーニング時間短縮の意味でも特に有効です。

本章で紹介した、プル泳とキック泳を交互に行う水泳タバタクロストレーニング（⇓44～49ページ）も、プル泳は上肢の筋肉の運動、キック泳は下肢の筋肉の運動というように、異なる筋肉を交互に動かすクロストレーニングです。有酸素性エネルギー供給機構に大きな刺激を与えることのできる有効なタバタトレーニングです。

注目! タバタクロストレーニングは、選手の多い球技チームにお勧めのトレーニング！

タバタクロストレーニングなら、自転車エルゴメータが2台（1台はウオーミングアップ用）とトレッドミルが1台あれば、1時間で10人のトレーニングは可能だ。多くの選手を抱える球技チームには使い勝手のいいトレーニングだ。

トレッドミルでの走運動
20秒（4セット）

休息10秒
（マシンを移動）

自転車エルゴメータ運動
20秒（3セット）

代表的なタバタクロストレーニングの例

①自転車エルゴメータ運動とトレッドミルでの走運動を交互に行うタバタクロストレーニング
（⇒20～21ページ）

②プル泳とキック泳を交互に行う水泳タバタクロストレーニング
（⇒チューブ:44～45ページ、シュノーケル:46～47ページ、スイムミル:48～49ページ）

知ってる?
消防士にタバタクロストレーニングがお勧めの理由とは？

タバタトレーニングは消防士の体力トレーニングに有用だ。しかし、トレーニングの直後や最中に出動命令があると、疲れ切って消火活動や救助活動に影響が出る恐れがあるのも確かだ。タバタクロストレーニングなら疲労困憊に至らないので、勤務中に行っても急な出動命令に対応可能だ。消防署には自転車エルゴメータとトレッドミルを備えて、日ごろからタバタクロストレーニングを実施してもらいたい。できれば非番のときに実施していただきたい。

Q33 自重運動ではどんな種目を採用するといいですか？

A 大きな筋肉を多く使うダイナミックな運動を行いましょう

大きな筋肉を使うと酸素摂取量は多くなる

自転車エルゴメータ運動やトレッドミルによる走運動、スイムミルによる泳運動では、かなり正確なタバタトレーニングが可能です。正確というのは、最大酸素摂取量や最大酸素借を効果的かつ効率的に増加させる高い負荷をかけることが可能、という意味です。

そうはいうものの現場での利便性を考えると、自分の体重を負荷に用いた運動（自重運動）が中心となると思います。有酸素性エネルギー供給機構により高い負荷をかけると最大酸素摂取量が増加する（⇩14ページ）ことを考えると、自重運動には運動中の酸素摂取量が高い運動を選んだほうが効果的だと考えられます。

タバタトレーニング実施時の酸素摂取量を測定した研究では、最終セットの酸素摂取量は、走運動時の最大酸素摂取量に対して、バーピージャンプで約90％、腕立て伏せでは約35％という結果でした（⇩67ページ）。

運動における最大酸素摂取量の大きさは、その運動で使われる筋量と深い関係があります。このことから考えると、バーピージャンプでは使われる筋量が多く、腕立て伏せではかなり少ないということがわかります。

自重運動でより効果的なタバタトレーニングを行うのなら、下肢や体幹の大きな筋肉をできるだけ多く使うような、ダイナミックな運動をなるべく採用しましょう。

注目! 自重運動のタバタトレーニングでは ダイナミックな運動で大きな筋肉を多く使おう!

自重運動でタバタトレーニングを行う場合には、バーピージャンプ、スクワットジャンプ、ジャンピングジャックなど、最大酸素摂取量に近い負荷がかかるダイナミックな運動がお勧めだ（⇒68～75ページ）。有酸素性エネルギー供給機構にしっかり負荷をかけることで最大酸素摂取量の増加が期待できる!

運動方法と動作回数

運動20秒＋休息10秒

×

回数はできるだけ多く

×

8セット

※複数の運動を組み合わせることも可能
例：2つの運動を交互に行う、4つの運動を2セット行う、強度を徐々に上げて最後に一番きつい運動を行うなど

運動様式

大きな筋肉

※下肢＆体幹の筋肉を使う

×

ダイナミックな動き

※動作は大きく・素早く!
※初心者は“簡単で強度の高い運動”から始めよう

知ってる? 全身の筋肉の7割は下半身にある!

大きな筋肉は脚や体幹に多い。主要な筋肉の大きさ（筋体積）をみると第1位は大腿四頭筋（太もも前側の筋肉）、第2位は大臀筋（お尻の筋肉）、第3位はハムストリング（太もも後ろ側の筋肉）、第4位は三角筋（肩の筋肉）、第5位が大胸筋（胸の筋肉）、第6位が上腕三頭筋（上腕の前側の筋肉）だ。下半身の筋肉が大きいことがわかる。

出典：荒川裕志，石井直方，プロが教える筋肉のしくみ・はたらきパーフェクト事典，2012より改変.

最大酸素摂取量に対する最終セットでの酸素摂取量の割合

トレッドミルでの走運動	100%
自転車エルゴメータ運動	90%
バーピージャンプ	86%
スクワットジャンプ	79%
ジャンピングジャック	76%
マウンテンクライマー	64%
腕立て伏せ	35%

➡ 腕立て伏せは酸素摂取量が上がらないのでタバタトーニングには不向きの運動である

出典：中村勝弥，各種高強度運動中の酸素摂取量に関する研究，立命館大学卒業論文，2013より改変.

お勧め自重運動①

バーピータックジャンプ

難易度：◎◎◎

運動負荷：◎◎◎

動画はこちら

1 スタートは立位

2 しゃがんで床に
両手をしっかりつく

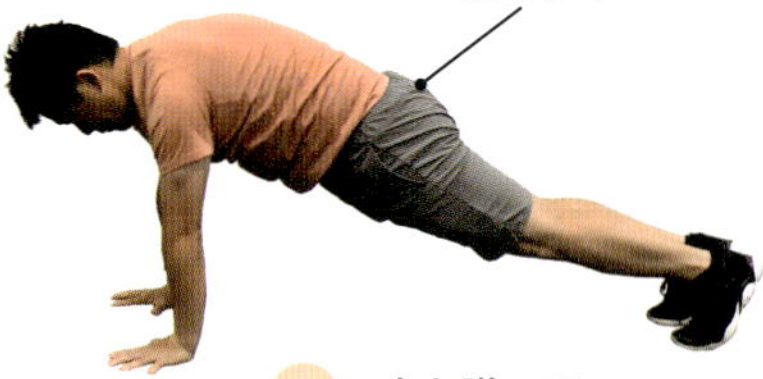

3 床を蹴って
両足を伸ばす

4 床を蹴ってしゃがんだ
姿勢に

5 ジャンプしてひざを
引き上げる

6 着地し、2～6を
20秒間繰り返す

お勧め自重運動②

マウンテンクライマー

難易度：◎

運動負荷：◎◎

動画はこちら

1 スタートは腕立ての姿勢

手は肩の真下

2 床を蹴って膝を胸に近づける

姿勢、特に体幹をしっかり保つ

3 床を蹴って空中で前後の足を入れ替える

リズムよく入れ替える

4 2、3を20秒間繰り返す

お勧め自重運動③

スクワットジャンプ

難易度：◎

運動負荷：◎◎◎

動画はこちら

1 スタートは立位

2 ひざを曲げてスクワット姿勢をとる

手を床につく

3 高くジャンプ

大きくジャンプ

手を床につく

4 着地して
スクワット姿勢に

5 2～4を20秒間繰り返す

お勧め自重運動④

バニーホップ

難易度：◎◎

運動負荷：◎◎

動画はこちら

1 スタートは床に手をついた姿勢

両足は身体の中心より少し左

2 床を蹴って腰を高く上げる

3 右側に着地

着地は毎回ひざを曲げる

4 床を蹴って腰を高く上げ左側に着地

5 左右連続で20秒間繰り返す

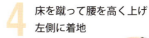

お勧め自重運動⑤

バーピージャンプ

難易度：◎◎◎

運動負荷：◎◎◎

動画はこちら

1 スタートは立位

2 しゃがんで床に両手をしっかりにつく

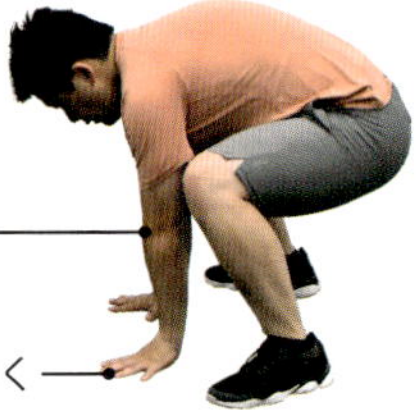
ひざをしっかり曲げる
手をつく

3 床を蹴って両足を伸ばす

肩からかかとまでまっすぐ

4 床を蹴って2に戻る

5 大きくジャンプ

6 着地して2の姿勢に

7 2～6を20秒間繰り返す

お勧め自重運動⑥

スケーターランジ

難易度：◎◎

運動負荷：◎◎

動画はこちら

1 右足で立ち、左足を後ろに
ひいて姿勢を低く

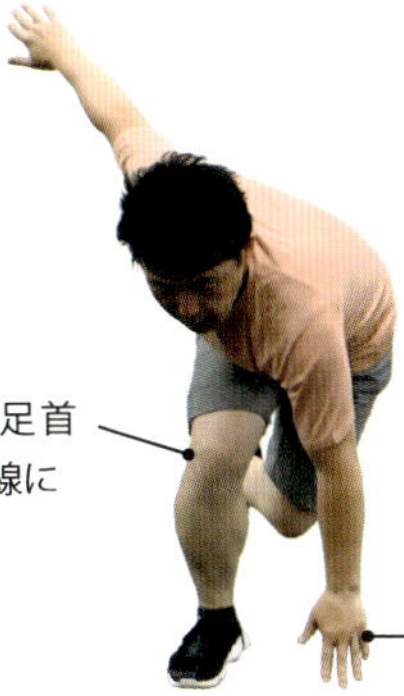

ひざから足首
まで一直線に

手は床に
触れる

2 右足で踏み切り
左側にジャンプ

3 右足を後ろにひいて
左足で着地

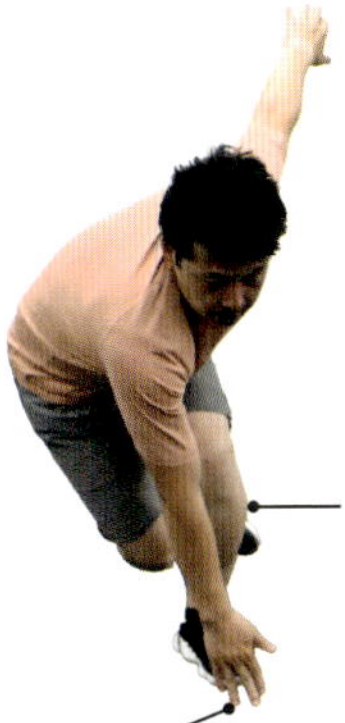

姿勢は低く

着地の際に
ひざから足首まで
一直線に

手は床に触れる

4 左足で踏み切り
右側にジャンプ

5 1～4を
20秒間繰り返す

お勧め自重運動⑦

スリーステップタックジャンプ

難易度：◎◎◎

運動負荷：◎◎

動画はこちら

1 スタートは立位

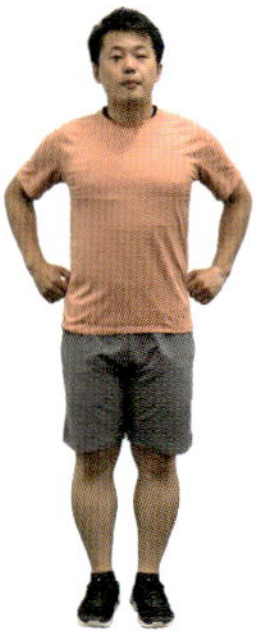

2 右足を左斜め前に踏み込む（ステップ１）

3 右足を戻す（ステップ２）

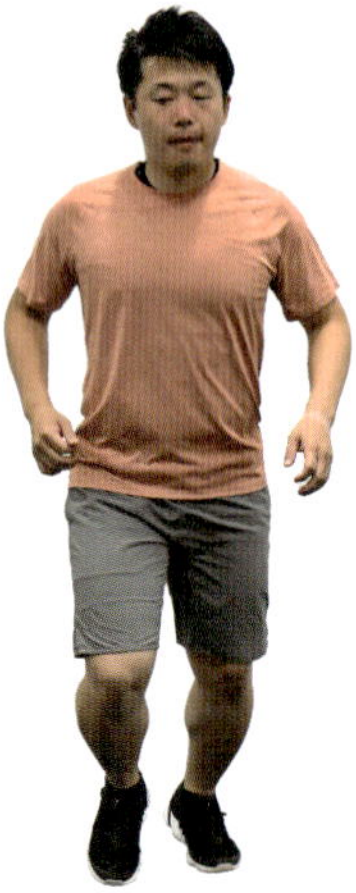

4 左足を右斜め前に踏み込む（ステップ３）

5 左足を戻して両足で踏み切る

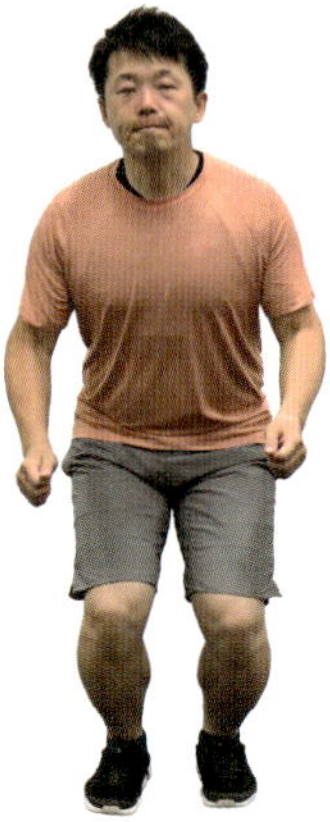

6 大きくジャンプしてひざを引き上げる

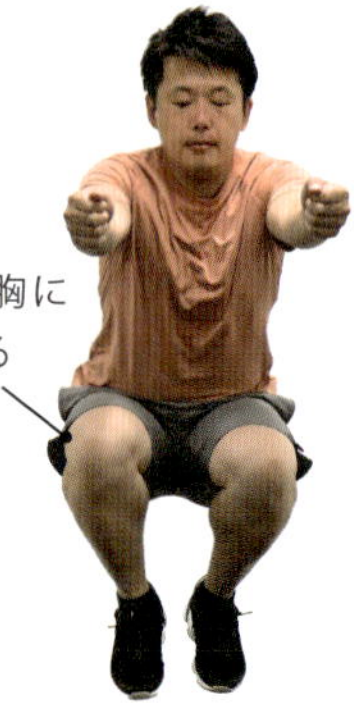

7 着地し、1～6をリズムよく20秒間繰り返す

お勧め自重運動⑧

ジャンピングジャック

難易度：◎

運動負荷：◎◎

動画はこちら

1 スタートは立位

頭上で手を
たたいてもよい

2 ジャンプすると
同時に両腕を上げ、
開脚

3 肩幅より広めに
開いて着地

4 ジャンプしながら
両腕を下ろし、
足を閉じて着地

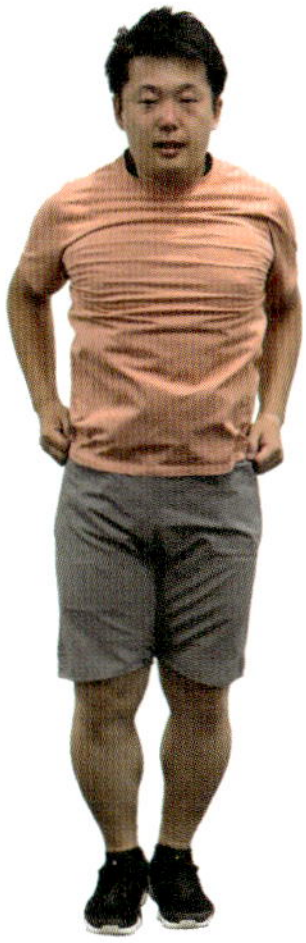

5 2～4を20秒間繰り返す

Q34 ウオーミングアップとクールダウンは必要ですか?

A 高強度のトレーニングなので、ウオーミングアップで身体を整えましょう

ケガの予防のためにウオーミングアップを

タバタトレーニングは高強度のトレーニングです。身体の準備をしっかり整えてから行わないと、ケガの原因にもなります。また、トレーニング後には疲労困憊に陥るので、その後のケアもやっておくことが大切でしょう。

実施前には入念なウオーミングアップが必要です。トレーニングに用いる筋肉のストレッチングをしっかりやってください。元々の実験では、タバタトレーニングを行う前に、ウオーミングアップとして最大酸素摂取量の50％の強度（楽であると感じる強度）で10分間の自転車エルゴメータ運動を行っています。酸素摂取量を増加させるには、運動を始める前にある程度、酸素摂取量を高めておくことが大切です。ストレッチングに加えて、低強度のダイナミックな運動をウオーミングアップに取り入れたほうがよいでしょう。

また、運動後にはストレッチングをしっかり行ってください。すぐに運動をやめると、その後の身体の調子が悪くなることもあります。

タバタトレーニングを行うと、最初のうちはトレーニング後に筋肉痛が起こることがあります。筋肉痛は続いたとしても、2日もすれば消滅します。もしも痛みがそれ以上続く場合は、筋肉のみの痛みではない場合がありますので、医療機関を受診してください。

注目! タバタトレーニングの前にはウオーミングアップ、終了後にはストレッチングを行おう！

自転車エルゴメータ運動では、軽い負荷で10分ほどこいでウオーミングアップをしよう。自重運動ではジャンプ動作があるので、ストレッチングを行って筋肉や関節の柔軟性を高めておくこと。酸素摂取量が上がるようなダイナミックな運動も取り入れて、トレーニングで能力を最大に発揮できる状態にしておこう。

自重運動でのタバタトレーニングのウオーミングアップ例

1 体幹伸ばし
手を組んで頭上に上げ、体をしっかり引き上げる。10秒×数回

2 体幹捻り
胸の前で手を組み、左右に体をひねる。左右交互に数回

3 下肢のストレッチ
足を開いて太もも、ふくらはぎを伸ばす。左右交互に数回

4 アキレス腱のストレッチ
足を前後に開きアキレス腱を伸ばす。左右それぞれ数回

5 手首足首回し
手を組み手首・足首を回してほぐす。ほぐれるまで回す

6 その場ジャンプ
脱力した状態でその場で軽く20回ほどジャンプする

COLUMN

科学的に効果が証明された運動でタバタトレーニングを行おう

第２章では、筆者が所属する立命館大学スポーツ健康科学部の卒業論文等で科学的根拠が得られたタバタトレーニングを紹介しました。エリートスイマーが行う高額なスイムミルを用いた水泳タバタクロストレーニングから、多くのアスリートが自宅でもできる自体重を用いた自重運動タバタトレーニングまで、また、各競技種目のプレー中の動作を用いた、普段の練習場所で行うタバタトレーニングについても掲載しています。

最近では、タバタトレーニングを紹介する画像を、YouTube 等で数多く見ることができます。また、中学生からエリートアスリートまで、多くのチームや個人のトレーニングとしてタバタトレーニングが行われています。しかし、それらは必ずしも科学的根拠のあるものではありません。

例えば、その場足踏み（ももあげ）や腕立て伏せ（⇒ 67 ページ）などは、最大努力で行うと非常にキツい運動ですが、ただキツいだけで心拍数や酸素摂取量は最大になりません。キツさだけを基準にして運動を選び、タバタトレーニングを行うのは間違いです。

実際、卒業論文で対象としたトレーニングの中には、せっかく〝キツい〟トレーニングを行ったにもかかわらず、最大酸素摂取量が増加しなかった例もあります。もちろん、やらないよりはやったほうがよいのですが、最高の結果を得るには、より高い強度となるような運動が適しています。自体重を用いた自重運動の場合、上下左右の移動の多いダイナミックな運動がタバタトレーニングには適しています。

本書において紹介されているタバタトレーニングのほとんどは、実験研究によりその効果が証明されているか、効果が期待されているものです。まずは、本書に掲載した運動を用いて、タバタトレーニングを行ってみてください。必ず日々の練習や試合を、これまでよりも楽に行うことができるようになるでしょう。

最後に念を押しますが、タバタトレーニングの成功の秘訣は、自ら〝やる気〟を高めて行うことです。そのためには、第３章に説明してある〝どうしてタバタトレーニングが読者の方の体力を効率的に最大に向上させるのか〟という理論を学び、自ら納得して〝やる気〟を高めてタバタトレーニングに挑戦してください。

第3章
トレーニング理論

Q35 有酸素性トレーニングとはどんなトレーニングですか？

A 有酸素性エネルギー供給機構に働きかけて最大酸素摂取量を増やすトレーニングです

有効な強度・時間・頻度・期間とは？

有酸素性トレーニングとは、一般的には中等強度から高強度の持続的運動を、トレーニングの原則と原理（⇒86～94ページ）にしたがって、定期的に一定期間実施することにより、有酸素性エネルギー供給機構（⇒100ページ）に働きかけ、有酸素性エネルギー供給機構の指標である最大酸素摂取量（⇒104ページ）を増加させるトレーニングです。

最大酸素摂取量を高めるのに有効な有酸素性トレーニングの運動強度は、一般健常人の場合、最大酸素摂取量の50％（RPE11：楽である）以上、運動時間は20分以上、頻度は週3回以上、期間は10週間以上です。スポーツ選手の場合は、より高い強度（最大酸素摂取量の70％、RPE15：きつい）で、30分以上実施することが多いとされています（⇒81ページ）。

特にモチベーションの高いエリートアスリートが実施しているタバタトレーニングを含む高強度（最大酸素摂取量の100％以上）・短時間・間欠的トレーニング（HIIT）も、最大酸素摂取量が大幅に増加するので有酸素性トレーニングということができます（⇒10ページ）。

最大酸素摂取量は持久力と関係が深く、有酸素性トレーニングを行い、最大酸素摂取量が増加すると、持久力が向上します。

注目! 有酸素エネルギー供給機構の能力が向上しなければ有酸素性トレーニングではない！

一般的には、いわゆる有酸素性トレーニングにより最大酸素摂取量が増加する（下の図）。タバタトレーニングは、運動中の酸素摂取量が最大酸素摂取量に達する、つまり有酸素性エネルギー供給機構に最大の負荷をかける究極の有酸素性トレーニングであり、最大酸素摂取量が大幅に増加する（⇒ 14 ページ）。

LSD トレーニング

強度：最大酸素摂取量の 50%
時間：２時間
頻度・期間：週５回を６週間

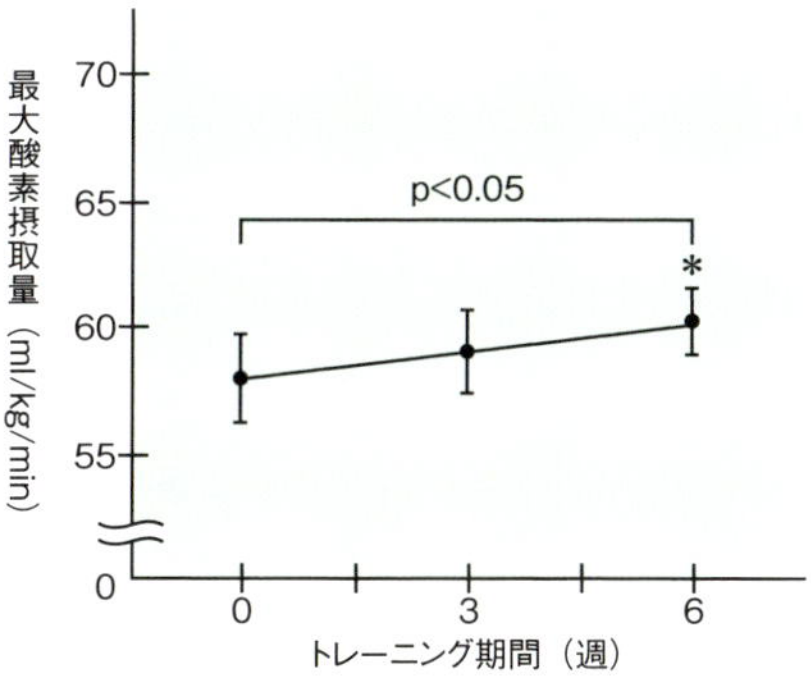

出典：山本と田畑，未発表資料 .

いわゆる有酸素性トレーニング

強度：最大酸素摂取量の 70%
時間：１時間
頻度・期間：週４回を６週間

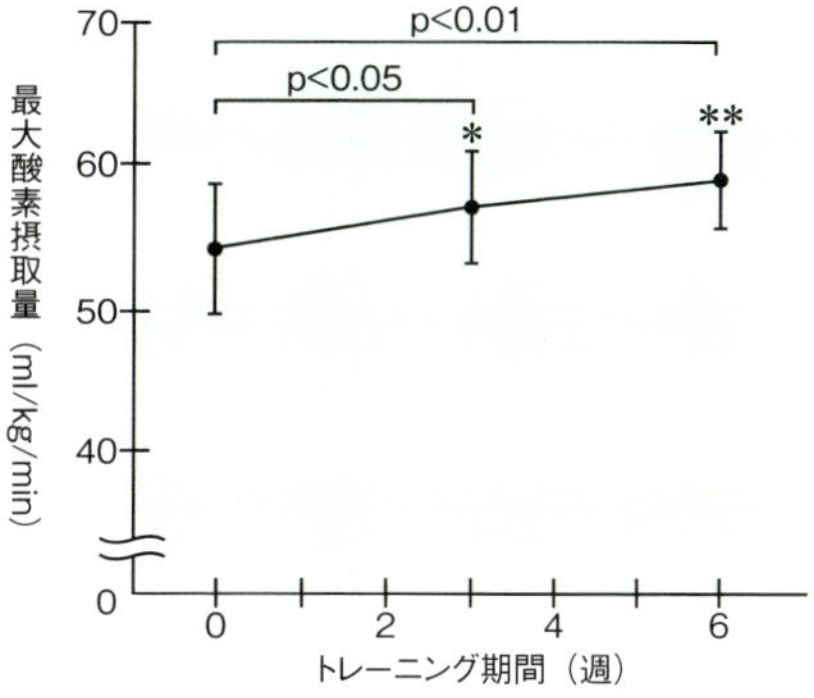

出典：Tabata et al. Med. Sci. Sports Exercise, 1996 より改変 .

有酸素性エネルギー供給機構の能力（最大酸素摂取量）向上に効果あり
⇒有酸素性トレーニング！

知ってる?

主観的運動強度は心拍数と対応している

主観的運動強度（RPE ⇒ 23 ページ）は心拍数と対応している。RPE の値を 10 倍するとほぼ心拍数に相当し、RPE が 13 のときには心拍数は 130 拍／分ということだ。持久力の高い人は一般人より最高心拍数が低いのだが、RPE は持久力の高低の影響を受けない。運動時の心拍数が最高心拍数の何％に相当するかで表す％ HRmax との関係をみると、RPE と％ HRmax は最大酸素摂取量の高低に関係なく相関関係にある。つまり、この自覚的な感覚を基準にして運動強度を設定できるということだ。

Q36 有酸素性トレーニングで最大酸素摂取量が増えるのはなぜですか？

A 最大酸素摂取量は、最大心拍出量の増加と筋の酸化能の向上により増加します

最大心拍出量の増加と筋の酸化能の向上

有酸素性トレーニングによって最大酸素摂取量が向上する背景には、最大心拍出量の増加と筋の酸化能の向上が関係しています。まず最大心拍出量ですが、これは心臓が1分間に駆出できる血液の量であり、1回拍出量（1回の心臓の収縮によって駆出される血液量）に心拍数を掛けた値です。最大酸素摂取量の70％の強度で、1日1時間の運動を週4回、6週間行うと、最大心拍出量が増加し、最大酸素摂取量が増加します。

タバタクロストレーニング後の安静時の1回拍出量の増加率と最大酸素摂取量の増加率には、高い相関関係が認められています（⇓83ページ）。トレーニング前後で最高心拍数に差がないことを考えると、最大酸素摂取量の増加は、1回拍出量の増加により推定される最大心拍出量の増加に深く関係していることがわかると思います。

次に、筋の酸化能の向上ですが、有酸素性トレーニングを行うと筋肉内のミトコンドリアが増加します。ミトコンドリアは有酸素性エネルギー代謝の基であり、クエン酸合成酵素などの酸化系酵素の塊です。ミトコンドリアでより多くの酸素を使うことができると、酸素を抜きとる能力である動静脈酸素較差が大きくなります。動静脈酸素較差が大きくなれば、最大酸素摂取量が増加します。

注目! 有酸素性トレーニングを行うと最大心拍出量が増え、最大酸素摂取量が増加し、持久力が向上する

一流長距離選手の安静時心拍数は30拍/分と一般人よりも低い。それでも十分な血液量（酸素）を確保しているのは、心臓が1回で駆出する血液量（1回拍出量）が多いからだ。有酸素性トレーニングを行うと1回拍出量が増加し、それに伴い最大心拍出量も増え、最大酸素摂取量が増えることを覚えておこう。

最大酸素摂取量と最大心拍出量の関係

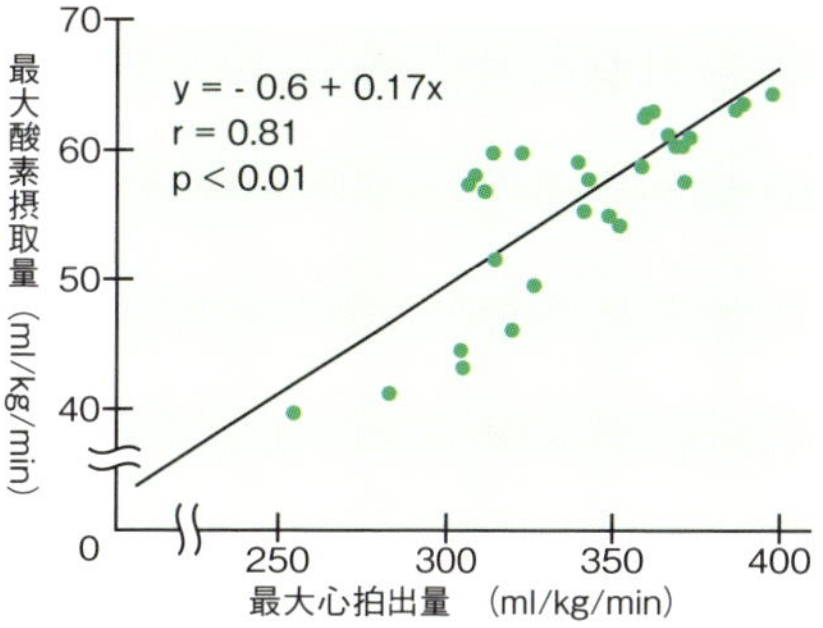

出典：平井と田畑， 未発表資料

最大心拍出量が多くなるほど最大酸素摂取量は多くなる
⇒最大酸摂取量は最大心拍出量で決まる

最大酸素摂取量と1回拍出量の関係

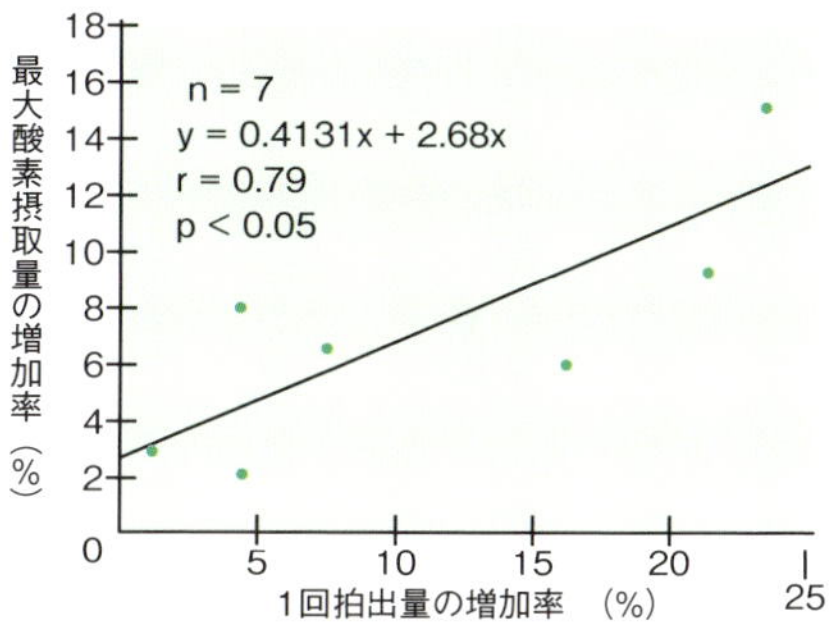

出典：Liu et al, Effects of high-intensity intermittent cross-training on maximal oxygen uptake

トレーニングで1回拍出量が増えると最大酸素摂取量が増える
⇒1回拍出量の増加は最大酸摂取量の増加に関係する

知ってる?

クエン酸合成酵素と有酸素性トレーニングとの関係は？

有酸素性エネルギー供給機構は、血液が運んできた「遊離脂肪酸」「ブドウ糖」、筋肉内にある「中性脂肪」「グリコーゲン」といったエネルギー源を、血液が運んできた「酸素」で酸化という化学反応を起こし、筋を収縮させるATPを作り出す（⇒100ページ）。この反応は筋細胞内にあるミトコンドリアという小器官の中で起こるが、それには触媒である「酵素」が必要。酵素が多ければ化学反応は速く進む。酸化で重要なTCA回路のクエン酸合成酵素等の酸化系酵素（酵素タンパク質）が多くなれば、より多くのATPを作り出せる。有酸素性トレーニングを行うと酸化系酵素の合成が増え、その濃度が高まり、最大酸素摂取量が増加し、それにより持久力がつくのだ。ちなみに、トレーニングを行うとミトコンドリアなどの新生に関係のあるPGC-1 αが増える（⇒134ページ）。PGC-1 αが増えるとクエン酸合成酵素量（活性）が増加することが知られている。

Q37 無酸素性トレーニングとはどんなトレーニングですか？

A 無酸素性エネルギー供給機構に働きかけて最大酸素借を増やすトレーニングです

運動中に酸素借が最大酸素借に達する

無酸素性トレーニングとは、一般的には高強度の持続的あるいは間欠的運動を定期的に一定期間実施することにより無酸素性エネルギー供給機構（⇒110ページ）に働きかけ、無酸素性エネルギー供給機構の指標である最大酸素借を増加させるトレーニングです。一般的に高強度（最大酸素摂取量の100％）・短時間・間欠的トレーニング（HIIT）が用いられます。特に動機付けの高いエリートアスリートが実施しているタバタトレーニングは運動中の酸素借が最大酸素借（⇒116ページ）に達しているので、最高の無酸素性トレーニングです。

このようなトレーニングを行うと2〜10分程度で疲労困憊に至る〝ミドルパワー〟の運動の競技成績が向上します。陸上競技でいえば800〜3000mです。

無酸素性トレーニングというとダッシュのような運動を思い浮かべる方が多いと思います。運動強度が高くなればなるほど無酸素性エネルギー供給機構の貢献は高くなりますが、ダッシュのような疲労困憊に至る時間が2分以内の運動では、運動中の酸素借は最大酸素借に達しません（⇒117ページ）。最も無酸素性エネルギー供給機構に負荷をかけるという観点では、運動中に酸素借が最大酸素借に達するような運動やトレーニングを、無酸素性運動、無酸素性トレーニングといいます。

注目! 無酸素性トレーニングは最大酸素摂取量の100%を超える高強度で、短時間・間欠的に行おう

運動強度が最大酸素摂取量の100%を超える2つのHIITについて、最大酸素借に与える影響を調べた研究（下記）では、どちらも最大酸素借は10%増加するものの、2つのトレーニング間には差はなく、最大酸素借が30%以上増加するタバタトレーニングのほうがより効果的な無酸素性トレーニングといえる。

HIIT ①

強度：最大酸素摂取量の116±3%（3～3.5分で疲労困憊に至るような強度）
時間：2分間のトレッドミル走（＋休息8分）×3セット
頻度・期間：週3回を6週間

HIIT ②

強度：最大酸素摂取量の165±2%（35～40秒で疲労困憊に至るような強度）
時間：20秒間のトレッドミル走（＋休息4～4.5分）×8セット
頻度・期間：週3回を6週間

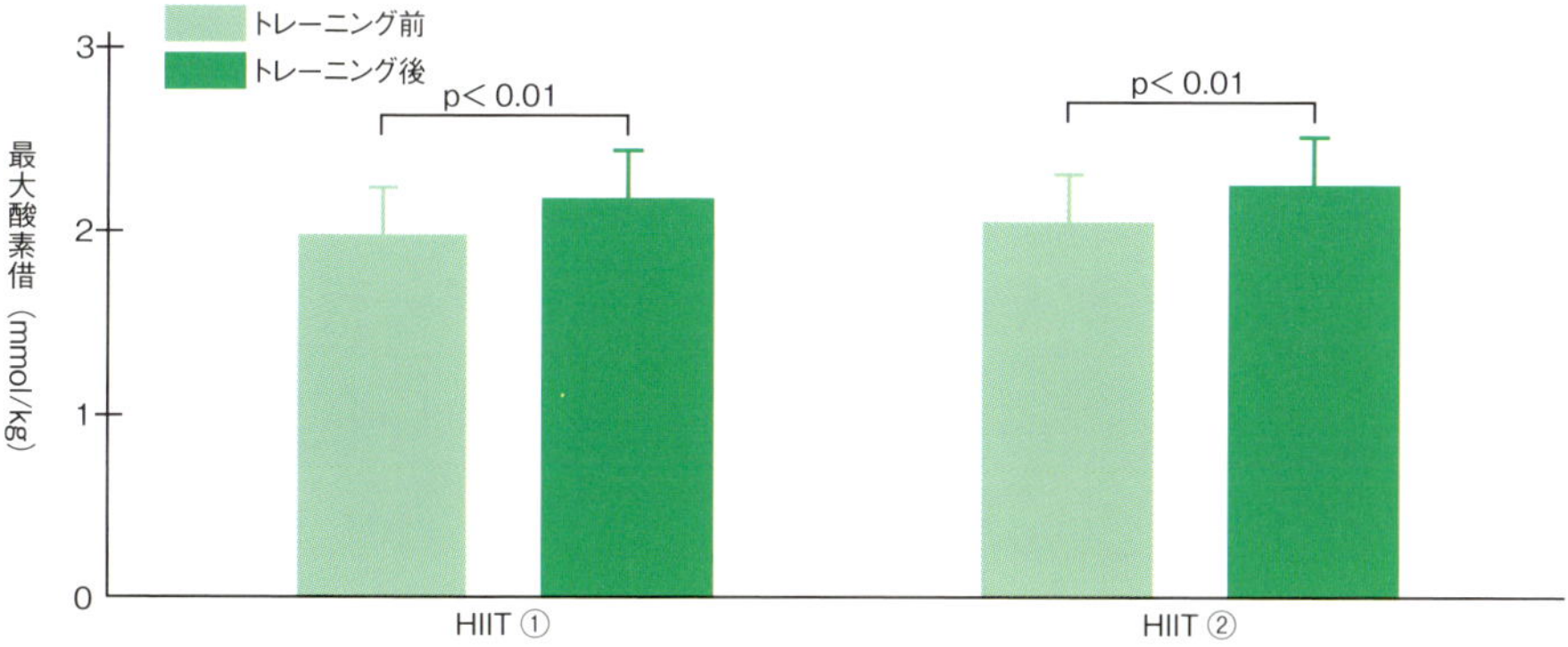

出典：Medbø JI, Burgers S. Effect of training on the anaerobic capacity. Med Sci Sports Exerc. 22(4):501-507, 1990.

無酸素性エネルギー供給機構の能力向上に効果あり
⇒無酸素性トレーニング！

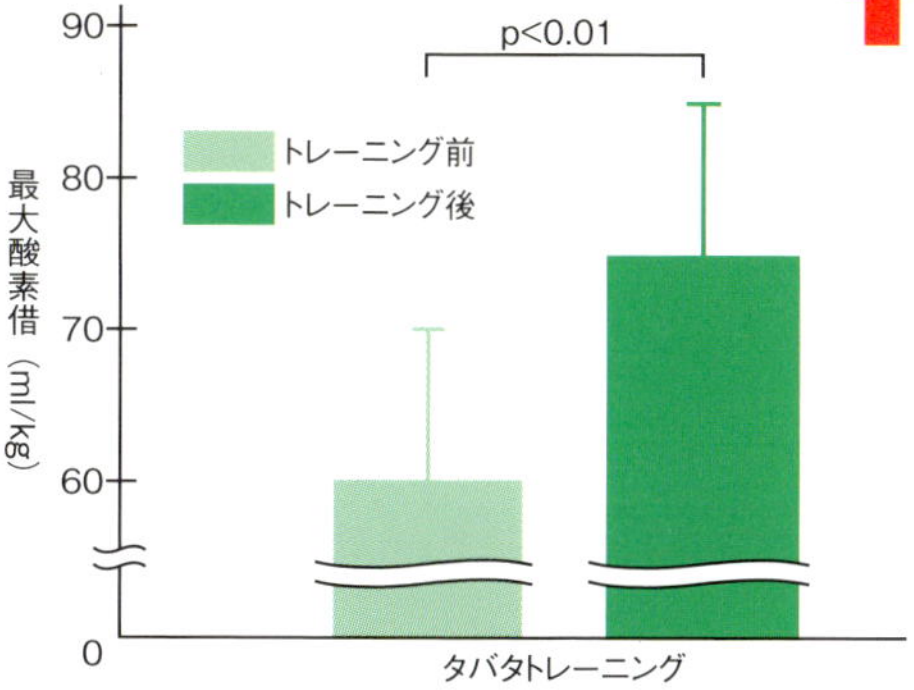

タバタトレーニング

強度：最大酸素摂取量の170%
時間：20秒間の自転車エルゴメータ運動（＋休息10秒）×6～7セット
頻度・期間：週4回を6週間
効果：最大酸素借30%アップ

出典：Tabata et al., Med Sci Sports Exerc. 1996.

Q38 トレーニングの原則とはどういうものですか？

A どのトレーニングにも共通するトレーニングを効果的に行うための根本的な法則です

トレーニングの5原則

トレーニングを効果的に行うために知っておきたい5つの「トレーニングの原則」を紹介しましょう。

全面性の原則

特定の身体活動やトレーニングを行うと、特定の器官だけが発達し、偏った身体づくりになってしまいます。そこで、競技力向上やコンディショニングに関係の深い器官・臓器を満遍なく向上させ、バランスのとれた身体をつくるような身体活動やトレーニングを行う必要があります。これを全面性の原則といいます。例えば、下肢を主に使う走競技の競技力向上では、下肢のトレーニングに加えて、上肢や上体の筋のトレーニングをする必要があります。

個別性の原則

個別性の原則とは、トレーニングを行う人の性、年齢、体力、生活環境、性格、運動の嗜好など、個人の特質を考慮し、特に個人の健康状態と体力レベルおよび特性に応じてトレーニングを行うことです。

個別性の原則を行うに際して、体力の把握が肝要です。同じ負荷（絶対負荷）でトレーニングしても体力が異なればその反応は異なるため、体力の指標である最大酸素摂取量の概念が確立される前は、トレーニングに関する蓋然性のある報告が難しかったと考えられます。しかし、最大酸素摂取量の概念と測定法が確立されると、トレーニングを対象者の体力（最大酸素摂取量）に合わせて相対的負荷ですべての対象者に与えることができるようになり、個別性とともにトレーニング効果の特異性（⇓90ページ）も顕著に観察することができるようになりました。

意識性の原則

トレーニングや運動を行う際に意識をすることで効果が高まるという原則です。トレーニングは、意識性の原則にしたがって、トレーニングに関する知識を高め、トレーニングの目的を明確にし、自覚を持って行う必要があります。また、指導者には、トレーニングを行う者にその必要性を伝える能力がなければなりません。

トレーニングの目標等を確認するトレーニング日誌は、意識性の原則に基づき、トレーニング効果を上げるために必須です。トレーニング計画を立てるのはもちろんのこと、必ず毎日トレーニング日誌をつけましょう。

漸進性の原則

運動を安全に行うため、またトレーニング効果を確実に得るためには、トレーニングにおける運動負荷（強度、時間、頻度）を徐々に高めていく必要があります。運動負荷を適切に高めるためには、定期的に体力測定を行い、その結果にしたがって漸進的に運動負荷を高めることが肝要です。これらを含めてトレーニングの漸進性の原則といいます。

反復性の原則

競技力向上に一定の効果を得るためには、運動・トレーニングを規則的に一定の期間繰り返し行う必要があります。これを反復性の原則といいます。

どれくらいの頻度で実施するかは、目的や方法によって異なります。競技力を確実に向上させる一方で、オーバートレーニングにならない頻度でトレーニングを行ってください。

Q39 トレーニングの原理「過負荷の原理」とはどういうものですか？

A 機能向上を期待するのなら前より高い強度を課す必要があるということです

過負荷（オーバーロード）の原理

過負荷の原理は、トレーニングを行い機能が向上したら、さらに高い強度のトレーニングを行い、さらなる機能の向上を目指すという、トレーニングにおける最も基本的な理論の1つです。

スポーツの競技力向上という観点からは、この法則が間違いなく当てはまります。競技に関連する体力は高ければ高いほどよいので、体力を向上させるには、少しでも高い強度のトレーニングを行う必要があるからです。

楽な強度でトレーニングを続けても体力の向上は望めませんが、過負荷の原理は、トレーニング強度だけをいっているのではありません。トレーニング時間の延長や、頻度の増加、さらにトレーニング期間の延長でも成り立ちます。

例えば、生活習慣病の予防という観点からは、必ずしも強度が高ければ高いほどよいというものではありません。高血圧症の治療や予防のためのトレーニングの場合、望ましい運動強度は最大酸素摂取量の50％程度です。しかし、この強度では最大酸素摂取量の大きな増加は期待できません。したがって、このようなトレーニング強度（絶対強度）を上げることができない場合には、トレーニング時間を増やすことにより、過負荷の原理が成り立ちます。

注目! 過負荷（＝強度、時間、頻度を見極めて増やすこと）によって体力向上を図ろう

過負荷の原理は、年齢、性別、体力レベルにかかわらずトレーニングに共通する理論だ。スポーツの競技力をアップさせるためには、現在の能力の限界を超えた負荷を身体にかけ体力を高める必要があるが、そのためには負荷の変数である強度、時間、頻度の最適解を導いて設定することが重要だ。

身体適応と過負荷のメカニズム（イメージ）

過負荷＝運動強度を上げる（頻度・時間を増やすケースもある）

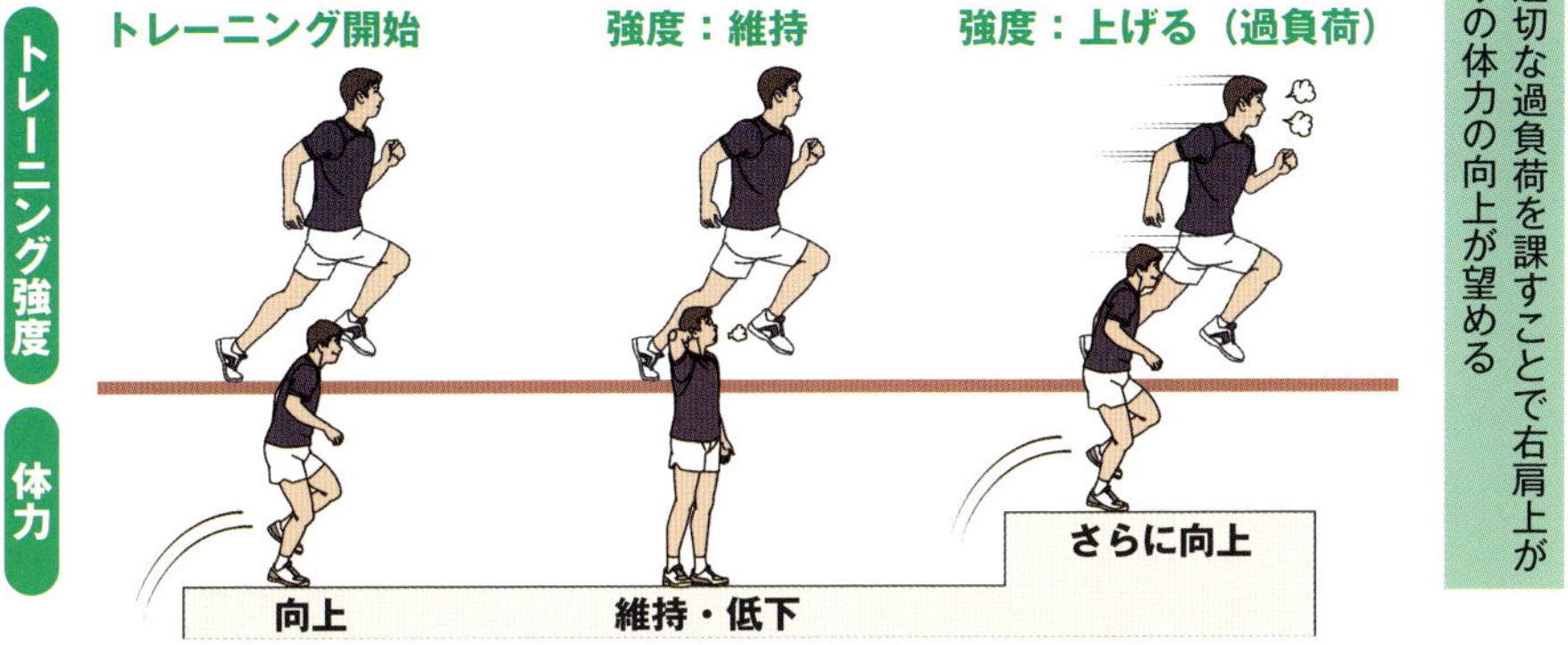

タバタトレーニング 12 週間の強度の変化（過負荷の例）

9セットできたら自転車エルゴメータの強度を 11 ワット高くする

※最初の 6 週間はタバタトレーニングを週 5 日、次の 6 週間はタバタトレーニングを週 3 日とレッグプレスを用いたレジスタンストレーニングを週 3 日行った場合のタバタトレーニングの強度の変化

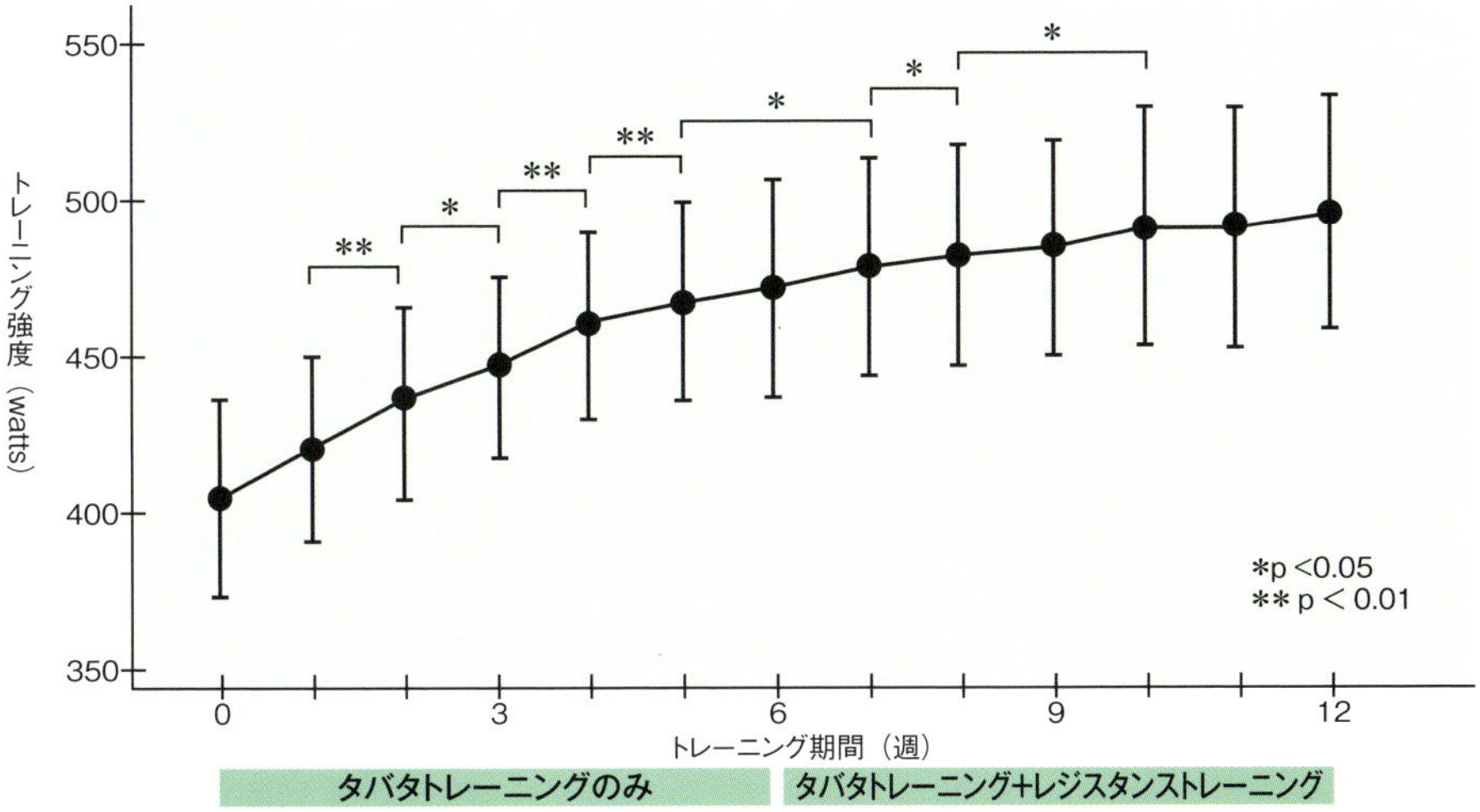

出典：平井と田畑，1996.

Q40 トレーニングの原理「特異性の原理」とはどういうものですか？

A トレーニングで刺激した機能にのみトレーニング効果が表れるということです

3つの特異性を確認しよう

トレーニング効果の特異性（specificity）とは、トレーニングで刺激した機能（体力）にのみトレーニング効果が表れることです。この原理を確認しないと、無駄なトレーニングを行うことになります。

特異性の原理には「部位特異性」「エネルギー特異性」「速度特異性」の3つの特徴があります。

部位特異性

部位特異性とは、トレーニングで使われた部位（筋）にのみトレーニング効果が表れるというものです。

実験用ネズミにトレッドミルによる走トレーニングを行わせた場合と水泳トレーニングを行わせた場合の、前足の筋である滑車上筋と後ろ足の筋であるヒラメ筋のGLUT4量の変化をみた結果があります。GLUT4は身体全体の糖代謝能の決定因子であり、糖尿病の発症・予防に関して最も重要な機能性タンパク質です。

前足の筋を使う水泳トレーニングでは、前足の滑車上筋のGLUT4量が増加しますが、水泳運動で使われない後ろ足の筋であるヒラメ筋のGLUT4量は増加しません（⇒91ページ右の図）。

一方、走運動で動員される後ろ足のヒラメ筋のGLUT4量は増加しますが、前足の筋で、走運動中に使われ

トレーニング効果と部位特異異性

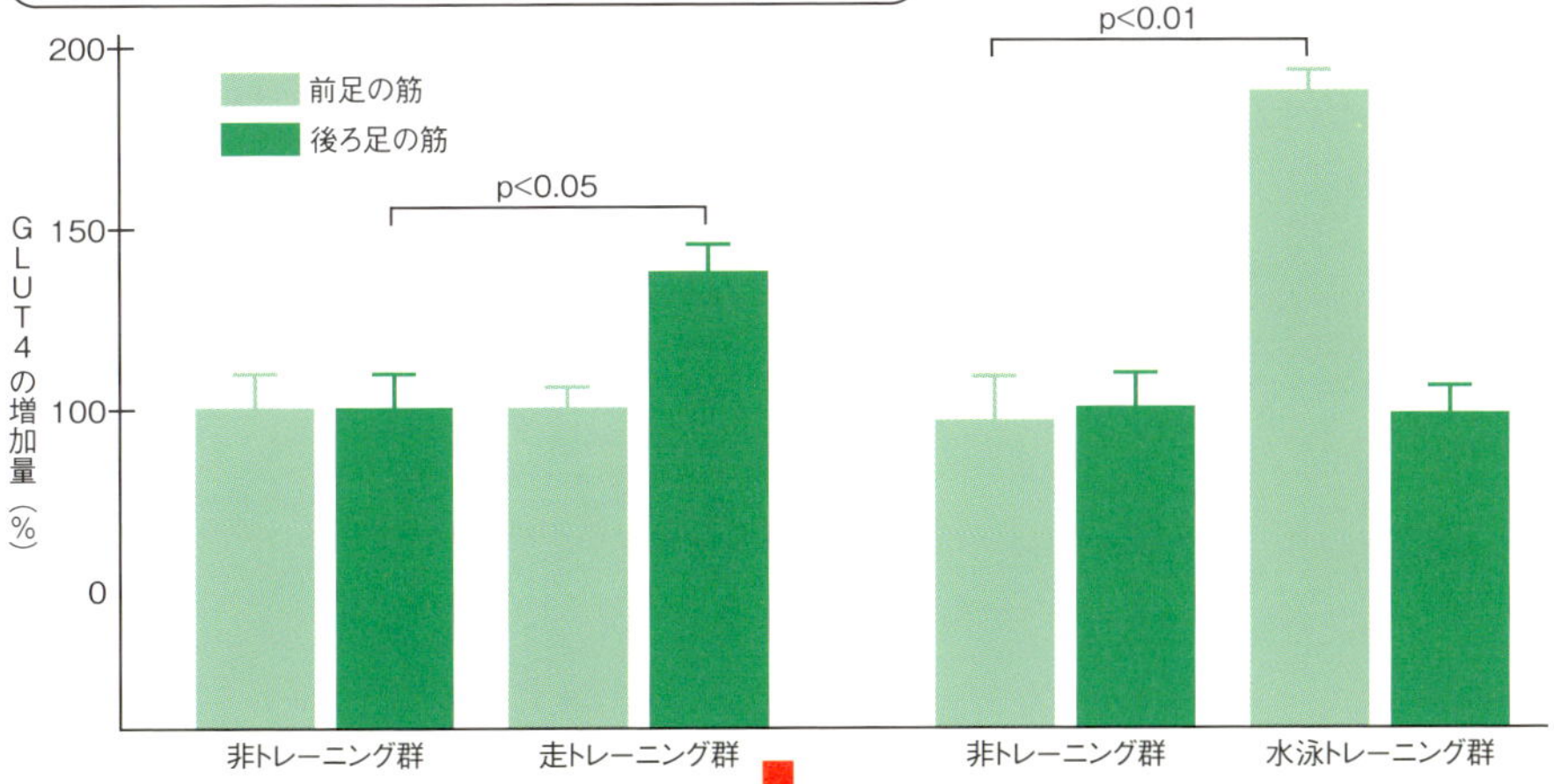

出典：川中ら，1994.

走運動では後ろ足のヒラメ筋のみ、
水泳運動では前足の滑車上筋のみにGLUT4が増加する
⇒トレーニング中に動員された筋線維にのみ
トレーニング効果が表れる

ない滑車上筋のＧＬＵＴ４量は増加しません（⇒91ページ左の図）。ネズミは四つ足歩行の動物なので、不思議に思われるかもしれませんが、トレッドミル走ではあまり前足の筋は使いません。

つまりこれは、水泳トレーニングでは水泳で使う筋、走トレーニングではトレッドミル走で使う筋というように、トレーニングで用いた部位にトレーニング効果は表れるという、トレーニング部位とトレーニング効果の部位特異性を示しています。

エネルギー特異性

ヒトのエネルギー産生機構は、有酸素性エネルギー供給機構と無酸素性エネルギー供給機構の2つがあります。

エネルギー特異性とは、有酸素性エネルギー供給機構にトレーニングで負荷をかけると有酸素性エネルギー供給機構の機能が向上し、無酸素性エネルギー供給機構にトレーニングで負荷がかかれば、無酸素性エネルギー供給機構の機能が高まるということです。

トレーニング効果とエネルギー特異性

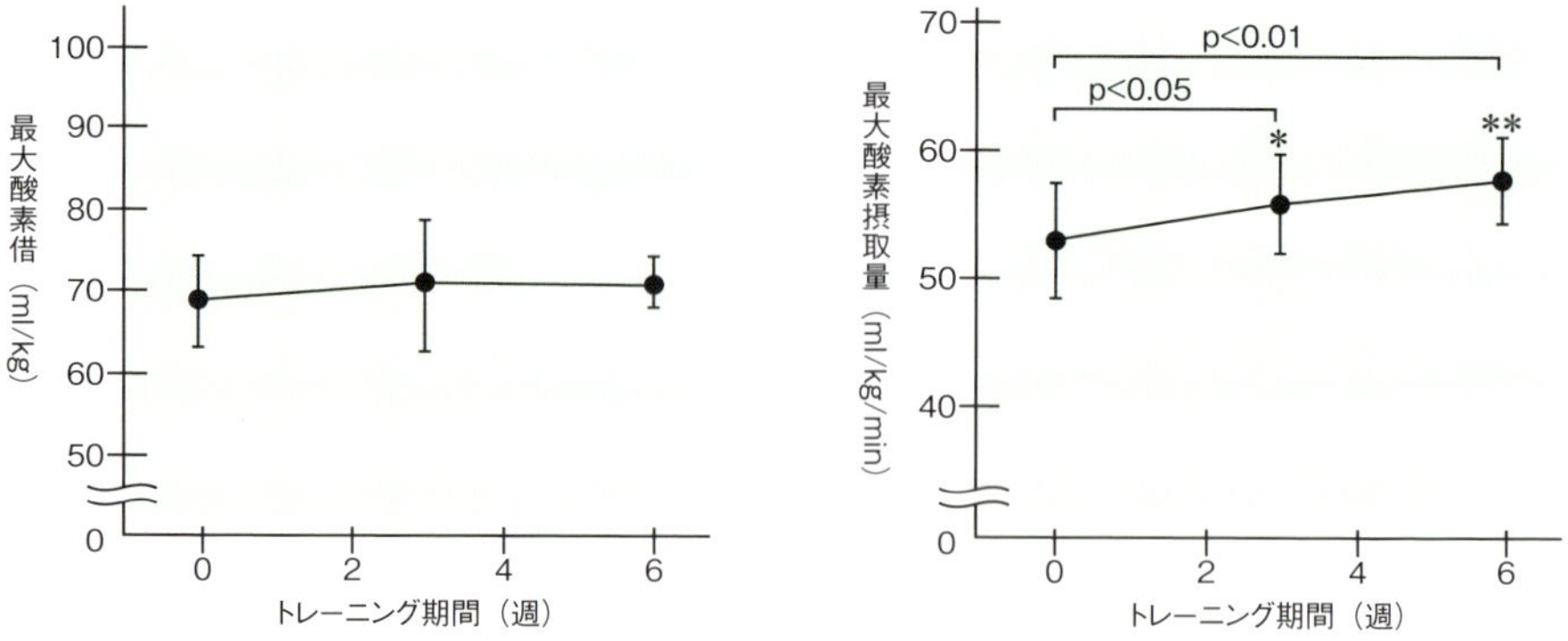

出典：Tabata ら , 1996.

最大酸素摂取量の 70%の強度の自転車エルゴメータ運動を
1日1回60分、週4回行った場合には、
最大酸素摂取量は大きく増加するが、最大酸素借は増加しない
⇒トレーニング負荷のかかった
エネルギー供給機構に機能の向上がみられる

上の図は、最大酸素摂取量の70%の強度の自転車エルゴメータ運動を1日1回60分間、週4回行った場合の最大酸素摂取量と最大酸素借の変化をみた結果です。この運動はいわゆる有酸素性運動であり、この強度での1時間の運動ではエネルギーの98%が有酸素性エネルギー供給機構から供給されます。このトレーニングを行うと、最大酸素摂取量は大きく増加します。しかし、最大酸素借は全く増加しません。

これは、「有酸素性トレーニングを行えば、有酸素性エネルギー供給機構の指標である最大酸素摂取量は増加しますが、無酸素性エネルギー供給機構を動員しない有酸素性運動トレーニングでは無酸素性エネルギー供給系の指標である最大酸素借は増加しない」こと、つまりトレーニング負荷とトレーニング効果のエネルギー特異性が成立することを示しています。

速度特異性

速度特異性とは、トレーニングを行った速度においてのみ、トレーニング効果が表れるという現象です。

トレーニング効果と速度特異性

a. 大腿四頭筋の筋断面積と大腿筋周径囲

サイズ	トレーニング前	トレーニング後
筋断面積（cm^2）	93.2 ± 9.3	87.9 ± 12.4（変化なし）
大腿周径囲（cm）	52.8 ± 3.4	52.6 ± 3.7（変化なし）

b. 大腿四頭筋断面積（cm^2）当たりの異なる速度での脚伸展パワー（ワット）

膝伸展速度	トレーニング前	トレーニング後
300 度 / 秒	5.49 ± 0.73	5.70 ± 0.42（変化なし）
240 度 / 秒	5.41 ± 0.75	5.70 ± 0.29（変化なし）
180 度 / 秒	4.65 ± 0.66	5.02 ± 0.27（変化なし）
120 度 / 秒	3.66 ± 0.48	4.01 ± 0.36（増加）
60 度 / 秒	2.14 ± 0.29	2.40 ± 0.38（増加）
30 度 / 秒	1.05 ± 0.18	1.24 ± 0.19（増加）

最大酸素摂取量の 90％の強度の 20 ～ 25 分の
自転車エルゴメータ運動を週 5 日、7 週間行ったところ、
大腿四頭筋の筋断面積・大腿筋周径囲は変化なかったが、
トレーニング速度以下での脚伸展パワーは増加した
⇒トレーニングを行った速度において発揮パワーが増加する

最大酸素摂取量の90％の自転車エルゴメータ運動のトレーニングは、5分くらいしか運動を続けることができないような高強度の過酷なトレーニングです。そのような運動を20～25分を行うと、筋が膨張して太ももが大きくなり、筋肥大したと勘違する人がいます。しかし、筋が膨張するのは筋血流の増加と乳酸濃度の上昇による筋細胞内の水分量の増加がもたらしているためで、運動終了後しばらくすると筋の大きさは元に戻り、実際には筋肥大は起こっていません（⇒93ページの上の表）。

一方、等速性筋パワー測定装置（⇒94ページ③の左のイラスト）により筋パワーを測定すると、トレーニングを行っていたときと同じ速さで発揮される膝関節角度の伸展速度の120度／秒を含めて、それ以下の速度での筋パワーは有意に増加しますが、それよりも速い速度では筋パワーは増加しません（⇒93ページの上の表）(Tabata et al., 1979)。

これは、いつも行っている筋収縮の速さよりも遅い速度のみで、発揮パワーが増加するという、トレーニング速度とトレーニング効果の速度特異性を示しています。

注目! 特異性の「部位」「エネルギー」「速度」の特性を踏まえてトレーニングを行おう！

競技力向上のためのトレーニングでは、トレーニングで高めたいのはどの部位か、エネルギー供給機構では有酸素性か無酸素性かあるいは両方か、トレーニング時の速度がスポーツ動作に近いかどうかという点を考慮に入れて、トレーニングの強度や頻度、動作様式を設定し、トレーニング効果を高めよう。

1 部位特異性

トレーニングで使われた部位（筋）にのみトレーニング効果が表れる

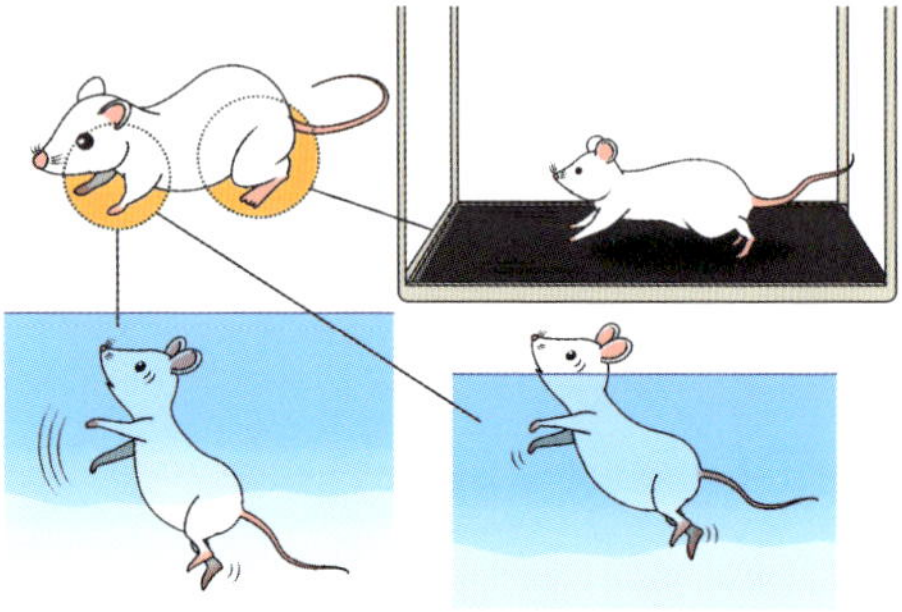

2 エネルギー特異性

トレーニングで負荷をかけたエネルギー供給機構に機能向上が表れる

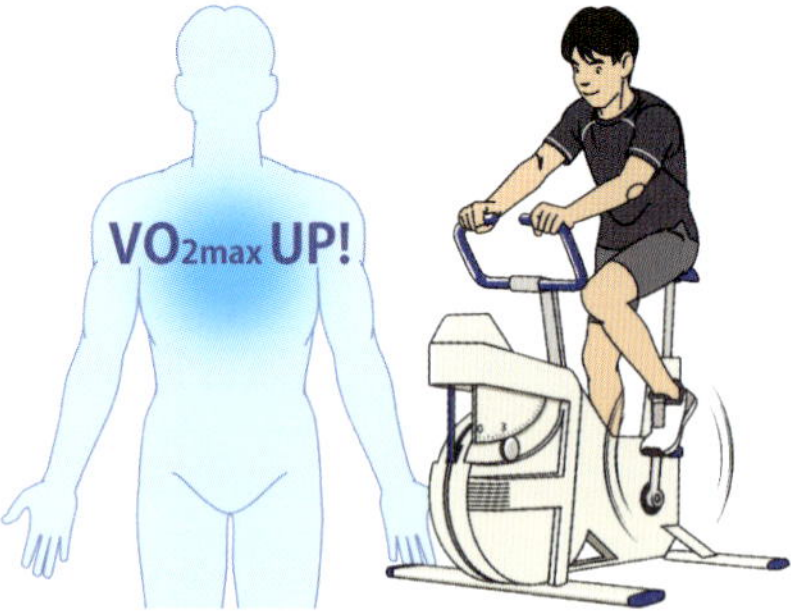

3 速度特異性

トレーニングを行った速度においてのみ発揮パワーが増加する

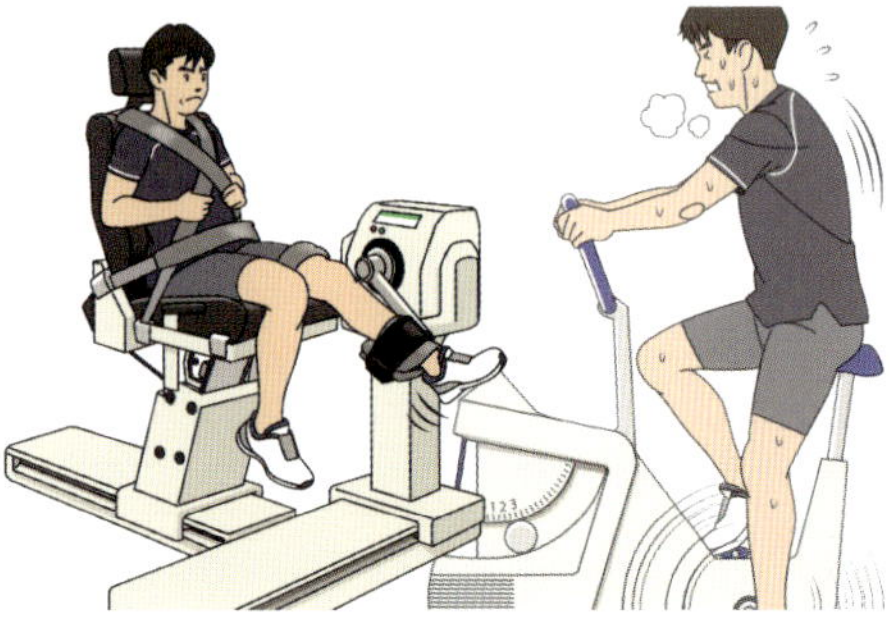

第4章

運動科学ベーシック

Q41 筋肉が動く仕組みをエネルギー源から教えてください

筋肉が活動するとき、筋肉の唯一のエネルギー源が使われます。

A 筋肉が活動し続けるためには、減少したATPを補充する必要があります

筋収縮（筋活動）のエネルギー源「ATP」

運動するときには筋肉が活動しますが、筋肉を動かすためにはエネルギーが必要です。そのエネルギー源はATP（adenosine tri-phosphate：アデノシン3リン酸）です。

ATPはアデノシンという化合物にリン酸基が3つ結合したものです。式①のように、ATPからリン酸基が1つ分離してADP（adenosine di-phosphate：アデノシン2リン酸）とリン酸ができる過程でエネルギーが発生し、そのエネルギーが筋肉を動かすために供給されるのです。そのためATPが無くなってしまうと、エネルギーを生み出すことができなくなり、それ以上運動することができません。

ATP→ADP＋リン酸＋エネルギー　式①

しかし、実際には激しい運動をしてもATPは無くなることはありません。なぜなら、ヒトの身体には、有酸素性エネルギー供給機構（⇒100ページ）と無酸素性エネルギー供給機構（⇒110ページ）というエネルギーを生み出す2つの仕組みがあるからです。

有酸素エネルギー供給機構と無酸素性エネルギー供給機構からエネルギーを作り出し、そのエネルギーを使って、ADPにリン酸基を1つ結合させて、ATP再合成してATPを補充しているのです（式②）。

ADP＋リン酸＋エネルギー→ATP　式②

注目! ATPのエネルギーはアクチンがミオシンを引っ張るとき（筋細胞収縮時）に使われる

骨格筋は筋肉、筋束、筋線維（筋細胞）からできている。運動神経からの刺激が筋細胞膜からT管を通して伝達され、筋小胞体からカルシウムイオンが放出されると、筋原線維のミオシンとアクチンが結合し、綱引きのように互いに引っ張るときに1つのATPが使われる（筋が収縮する）。

ATPのエネルギーを使って筋が収縮（活動）する仕組み

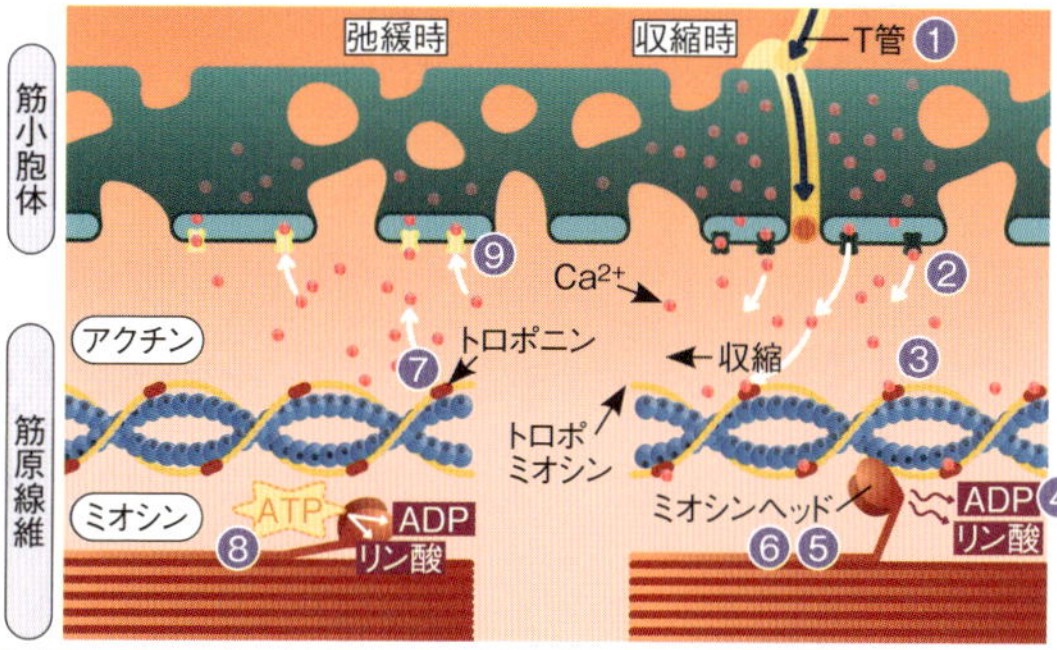

①運動神経からの刺激が筋細胞膜からT管を通して伝達される（筋の脱分極）
②筋小胞体からカルシウムイオン（Ca^{2+}）が放出される
③ Ca^{2+} がトロポニンに結合すると、ミオシンがアクチンと結合する
④ミオシンヘッドのATP分解酵素が活性化し、周囲のATPを分解する
⑤ ATPの分解エネルギーを用いてミオシンヘッドが首を振る
⑥アクチンとミオシンが相互に引っ張り合い、筋細胞が収縮する
⑦弛緩時には Ca^{2+} がトロポニンから外れて筋細胞が元の長さに戻る
⑧ミオシンヘッドのATP分解酵素が活性化し、ATPを分解する
⑨ ATPの分解エネルギーを用いて Ca^{2+} が筋小胞体に回収される

知ってる?

ATPがADPに分解されると7.3kcalのエネルギーが発生する

ATPはアデニンとリボースからなるアデノシンという化合物にリン酸基が3つ結合したもの。エネルギーを蓄えたカプセルのようなもので、ATPがリン酸基を1つ分離してADPになるときに、7.3kcalのエネルギーが放出される。このエネルギーを利用して筋肉は収縮する。

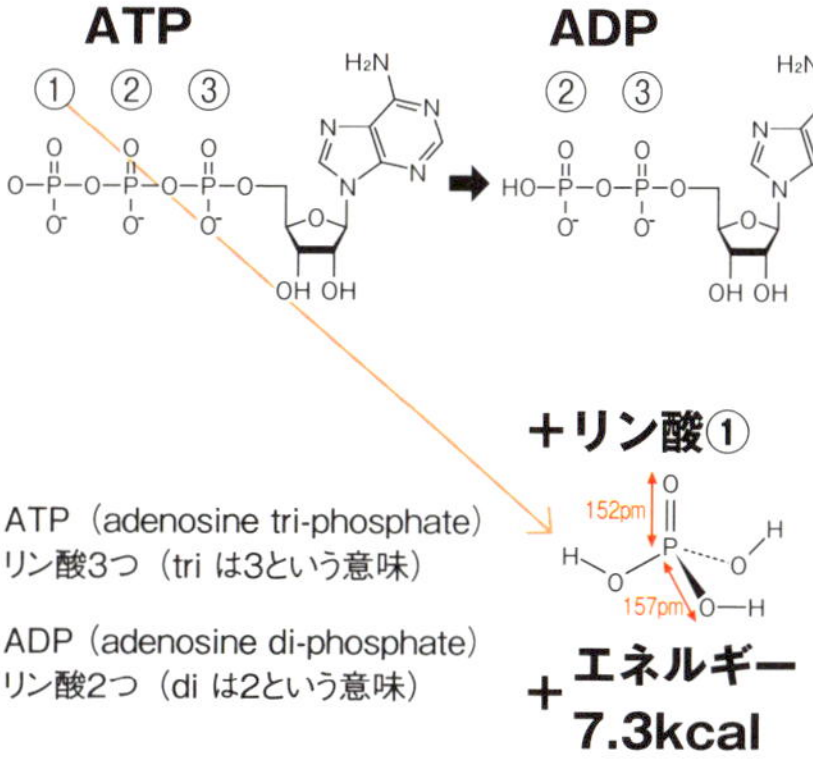

ATP（adenosine tri-phosphate）
リン酸3つ（tri は3という意味）

ADP（adenosine di-phosphate）
リン酸2つ（di は2という意味）

Q42 ATPは筋肉中にわずかしかないのに運動が続けられるのはなぜですか?

A ATPを補充するエネルギー供給機構が複数あるからです

エネルギー供給機構の貢献度

筋活動で使われたATPを補充（再合成）するエネルギー供給機構には大きく分けて2つあります。

低強度の運動や身体活動の場合、ほとんどのATPは有酸素性エネルギー供給機構（⇩100ページ）から供給されるエネルギーを利用して再合成されます。そのような運動を「有酸素性運動」と呼んでいます。

ヒトにはもう一つ、ATPを供給する機構があります。それは、活動筋の中のグリコーゲンとクレアチンリン酸が、それぞれ化学反応を経て直接ATPを供給する、無酸素性エネルギー供給機構です（⇩110ページ）。これらの化学反応では酸素が必要ないので、無酸素性エネルギー供給機構と呼ばれています。

エネルギー供給への貢献度は、運動強度によって異なります。低強度（楽な運動）では有酸素性エネルギー供給機構の貢献度が高く、高強度（キツい運動）では無酸素性エネルギー供給機構の貢献度が高くなります。

エネルギー供給比率でみると、30秒程度で疲労困憊に至るような運動（200m走、スピードスケート500mなど）では無酸素性エネルギー供給機構が7割以上、2分から3分で疲労困憊に至る運動（800m走、スピードスケート1500mなど）では有酸素性エネルギー供給機構が7割以上を供給しています。

注目! 低強度では有酸素性、高強度では無酸素性が、メインのエネルギー供給機構として稼働する

30秒、1分、2～3分で疲労困憊に至る高強度運動中の代謝応答を検討した研究では、有酸素性エネルギー供給機構の貢献度はそれぞれ30±1%、47±2%、65±2%、運動時間に応じて対数関数的に変化することを報告している。つまり各エネルギー供給機構からのエネルギー供給比率は運動時間によって変わるのだ。

有酸素性エネルギー供給機構のエネルギー産生への貢献度

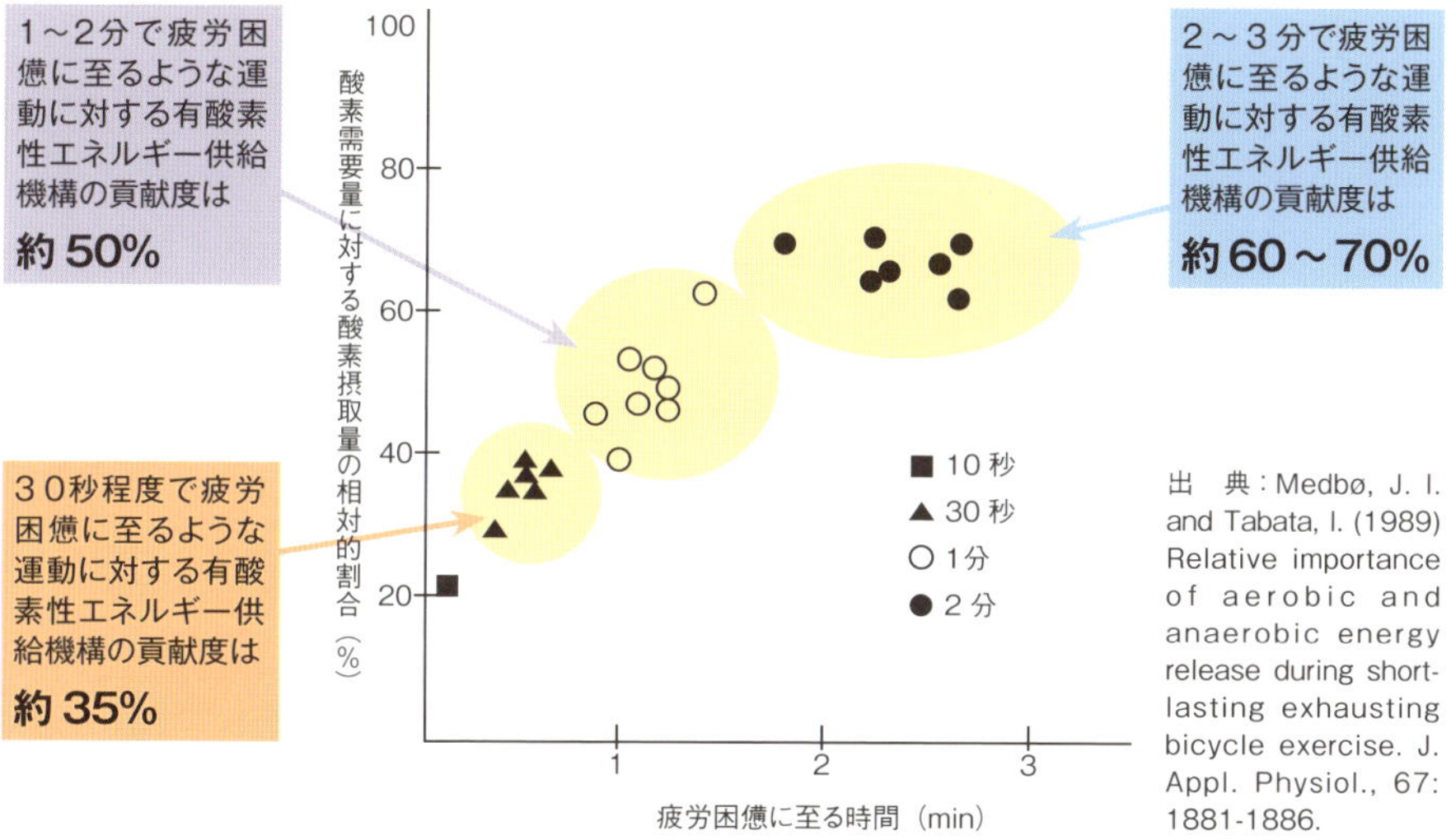

1～2分で疲労困憊に至るような運動に対する有酸素性エネルギー供給機構の貢献度は
約50%
30秒程度で疲労困憊に至るような運動に対する有酸素性エネルギー供給機構の貢献度は
約35%
2～3分で疲労困憊に至るような運動に対する有酸素性エネルギー供給機構の貢献度は
約60～70%
酸素需要量に対する酸素摂取量の相対的割合（%）
100
80
60
40
20
1
2
3
疲労困憊に至る時間（min）
■ 10秒
▲ 30秒
○ 1分
● 2分

出典：Medbø, J. I. and Tabata, I. (1989) Relative importance of aerobic and anaerobic energy release during short-lasting exhausting bicycle exercise. J. Appl. Physiol., 67: 1881-1886.

知ってる?

ヒトのエンジン（エネルギー供給機構）は無酸素性と有酸素性のハイブリッド方式！

ヒトは、有酸素性エネルギー供給機構と無酸素性エネルギー供給機構という2つのエンジンを備えている。この2つのエンジンは、例えば、運動開始直後は無酸素性エネルギー供給機構がATPを主に産生し、運動時間が経過すると中等度の強度の運動の場合は、運動中に消費したATPのほぼすべてが有酸素性エネルギー供給機構により再合成される。さらに運動強度が高くなると有酸素性エネルギー供給機構に加えて無酸素性エネルギー供給機構もATPを再合成する。ハイブリッド自動車がガソリンエンジンと電気モーターの2つのエンジンを精巧に制御して駆動力を出力するように、ヒトも無酸素性エネルギー供給機構と有酸素性エネルギー供給機構の2つのエンジンを運動に応じて精密に制御して、運動に必要なATPを供給しているのだ。

Q43 有酸素性エネルギー供給機構について詳しく教えてください

A 糖質と脂質を酸素で酸化して生み出したエネルギーでATPを再合成（補充）します

糖質と脂質を酸素で酸化

有酸素性エネルギー供給機構とは、酸素を利用してATPを再合成するためのエネルギーを得るエネルギー供給機構のことです。ATPを再合成するためのエネルギーは、身体の中にある糖質と脂質を、酸素を使って酸化することで生み出します。

身体の中にある糖質は、筋肉内にあるグリコーゲンや、肝臓のグリコーゲンの分解により血中に放出されるブドウ糖（グルコース）です。身体の中にある脂質は、筋肉内の中性脂肪（triglyceride）と、脂肪細胞中にある中性脂肪の分解により生成され、血液を経て活動筋に至り酸化される遊離脂肪酸（free fatty acid）です。

酸化は、肺と血液を経て筋に運搬されてきた酸素を使って筋肉内で行われます。酸化の化学反応は、101ページの式①と式②であり、③④⑤の数のATPが再合成されます。これらの化学反応は、骨格筋の中のミトコンドリアという小器官の中で起こっています。

有酸素性エネルギー供給機構は、安静時や低い強度の身体活動中に主に用いられます。炭水化物と脂質の使われる比率は、安静時や低強度の身体活動・運動では脂質が高く、中等度から高強度の運動では糖質の比率が高くなり、その割合は、骨格筋中のAMPK（⇒134ページ）という酵素によって決められます。

注目! 有酸素性エネルギー供給機構により再合成されるATPの量は遊離脂肪酸からが最も多い

有酸素性エネルギー供給機構において、糖質ではブドウ糖1分子につき38分子のATP、グリコーゲン1分子では39分子のATPを産生できる。脂質では遊離脂肪酸のパルミチン酸で1分子につき129分子のATP、脂質は多くのエネルギーを産生できるが低強度の運動に限定されることを覚えておこう。

糖質　$6(CH_2O)+6O_2 \rightarrow 6CO_2+6H_2O$　式①
脂質　palmitoyl-S-CoA$+23O_2 \rightarrow$CoA-SH$+16CO_2+146H_2O$　式②
ブドウ糖（グルコース）　→　二酸化炭素と水　38ATP　③
グリコーゲン　→　二酸化炭素と水　39ATP　④
遊離脂肪酸（パルミチン酸）→　二酸化炭素と水　129ATP　⑤

有酸素性エネルギー供給機構で産生されるATPの量

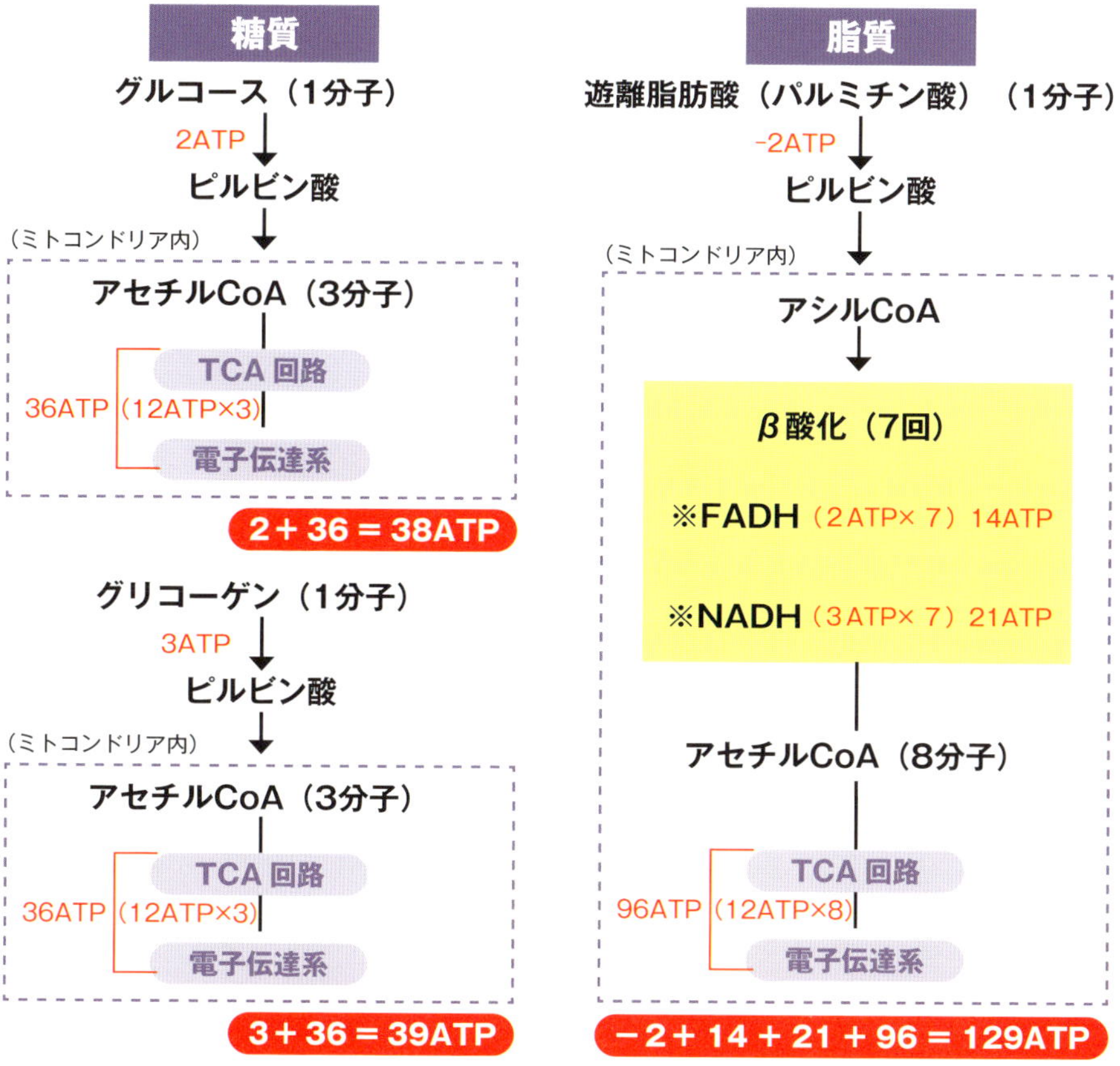

Q44 酸素摂取量がエネルギー供給の指標になるのはなぜですか？

A 運動強度に対して直線的に増加し、エネルギーの消費と供給を正確に表すからです

車のエンジンの走行速度とガソリンの消費速度との関係

酸素摂取量は、有酸素性エネルギー供給機構からのエネルギー供給の指標です。単位はl/min、あるいは体重（kg）当たりにしてml/kg/minです。

103ページ右下の図に示すように、低強度（最大下強度。楽であると感じる強度からきついと感じる強度でも）では、運動強度の増加に伴って酸素摂取量は直線的に増加します。これは、ヒトという生物において、自転車エルゴメータ運動の仕事率や走運動の走速度の増加による活動筋の仕事率の増加が、正確に酸素摂取量に反映されていることを示しています。この図を見るといつも、

ヒトはなんて素晴らしいエネルギー産生・消費システムを持っているんだと感動します。まるで精巧にできたガソリン車のエンジンの走行速度とガソリンの消費速度のような正確さです。

これは言い換えると、身体活動における活動筋のエネルギー消費に釣り合ったエネルギーを、呼吸循環系が供給していることを示しています。呼吸数、呼吸の深さ、心拍数、1回拍出量（心臓が1回の拍動で駆出する血液の量）、活動筋が血液から取り込む酸素の量、ミトコンドリアでの酸化によるATPの産生量など、肺の活動から筋細胞内の化学的反応までのすべてが見事にシンクロ制御されて、全く無駄のないシステムなのです。

注目! 運動強度（エネルギーの消費）が上がれば酸素摂取量（エネルギーの供給）が増える

運動を開始すると酸素摂取量は安静時から徐々に増加し、2分程度で一定（定常状態）になる（⇒右下の上の図）。この定常状態の酸素摂取量が、この運動強度での酸素摂取量である。低強度（最大下強度）の運動では、運動強度が上がれば酸素摂取量は直線的に増加する（⇒右下の下の図）。つまり酸素摂取量は運動強度の指標になるのだ。

有酸素性エネルギー供給に関係する要素

運動開始

↓

肺	呼吸数 ↑UP
肺	呼吸の深さ ↑UP
心臓	心拍数 ↑UP
心臓	1回拍出量 ↑UP
血管	動静脈酸素較差 ↑UP
筋	酸化系代謝 ↑UP
筋	ATP産生 ↑UP

↓

酸素摂取量↑UP

運動開始後の酸素摂取量の動態

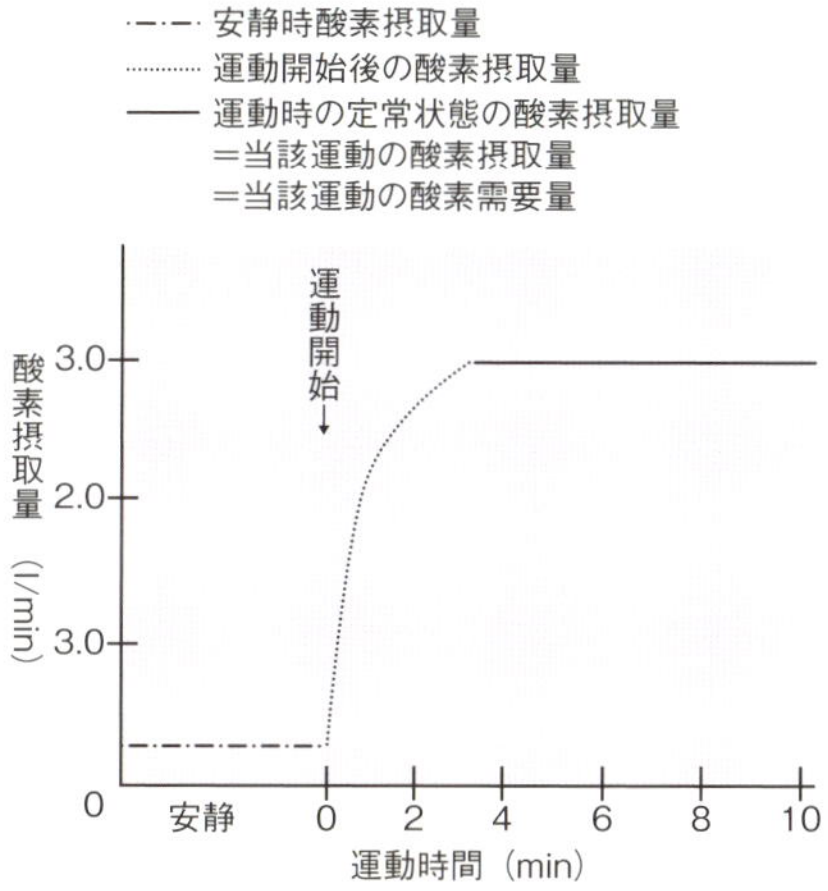

⇒酸素摂取量は運動強度を表す

運動強度と酸素摂取量との関係

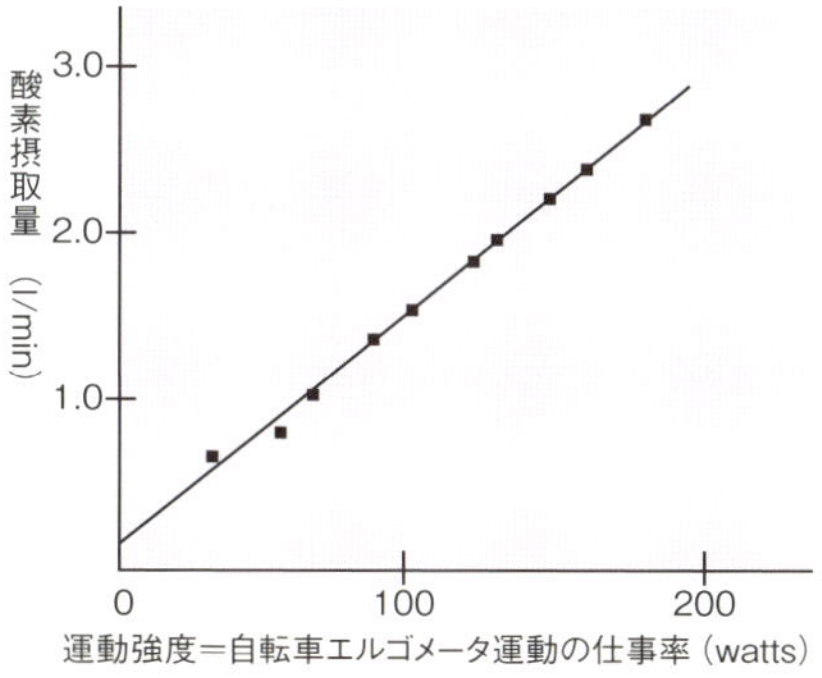

⇒運動強度と酸素摂取量は直線関係

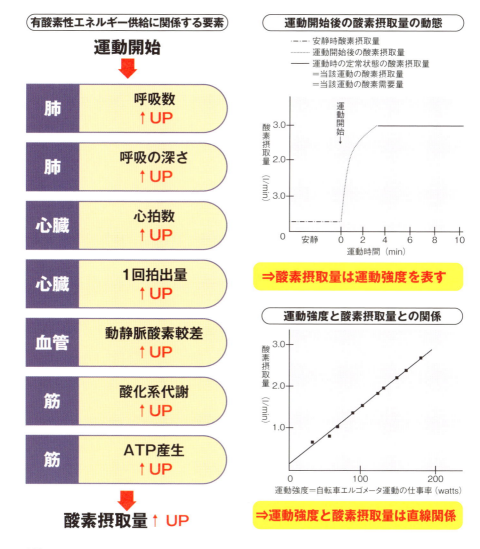

Q45 最大酸素摂取量とは簡単にいうとどういう意味ですか？

A 最大酸素摂取量とはヒトが体内に取り込める酸素の最大値です

スポーツにも健康にも関係する

酸素摂取量は運動強度が高くなるにつれて上昇します（⇩105ページ右の図の黒点）が、この関係は運動強度が高くなり一定強度に達すると崩れてきて、酸素摂取量は上昇しなくなります（⇩同ページ右の図の赤点）。

有酸素性エネルギー消費量と自転車エルゴメータ運動における仕事率との関係は変わらないと考えられるので、この現象は有酸素性エネルギー供給機構によるATPの再合成速度が限界に達していることを示していると推察されます。つまり、この現象が表れたときが、その人の有酸素性エネルギー供給機構からのエネルギー供給

の最大値ということで、この酸素摂取量の最大値を「最大酸素摂取量」といいます。文字通り、ヒトが摂取する（身体に取り込む）ことができる酸素の最大値であり、これが有酸素性エネルギー供給機構の機能の指標です。

最大酸素摂取量は持久力の指標であり、スポーツに関係する体力です。自身の体力を把握するためにスポーツ選手の多くが最大酸素摂取量を測定しています。マラソンや中距離走などの持久性競技のスポーツ選手は最大酸素摂取量が高いことが知られています（⇩105ページ）。また、最大酸素摂取量が高い人は数多くの生活習慣病にかかりにくいことがわかっています。最大酸素摂取量は健康に関連する体力でもあります。

注目! 最大酸素摂取量は体力（持久力）の把握と、体力向上戦略を立てるための重要な指標だ

最大酸素摂取量は、有酸素性エネルギー供給機構の能力の高さを示す最も有効かつ客観的な指標だ。マラソンやクロスカントリースキーなどの持久性競技のアスリートでは高く、男子エリートマラソンランナーでは85ml/kg/minほどに達する。定期的に測定して、体力向上の戦略を立てるために利用しよう。

スポーツ選手（男子）の最大酸素摂取量

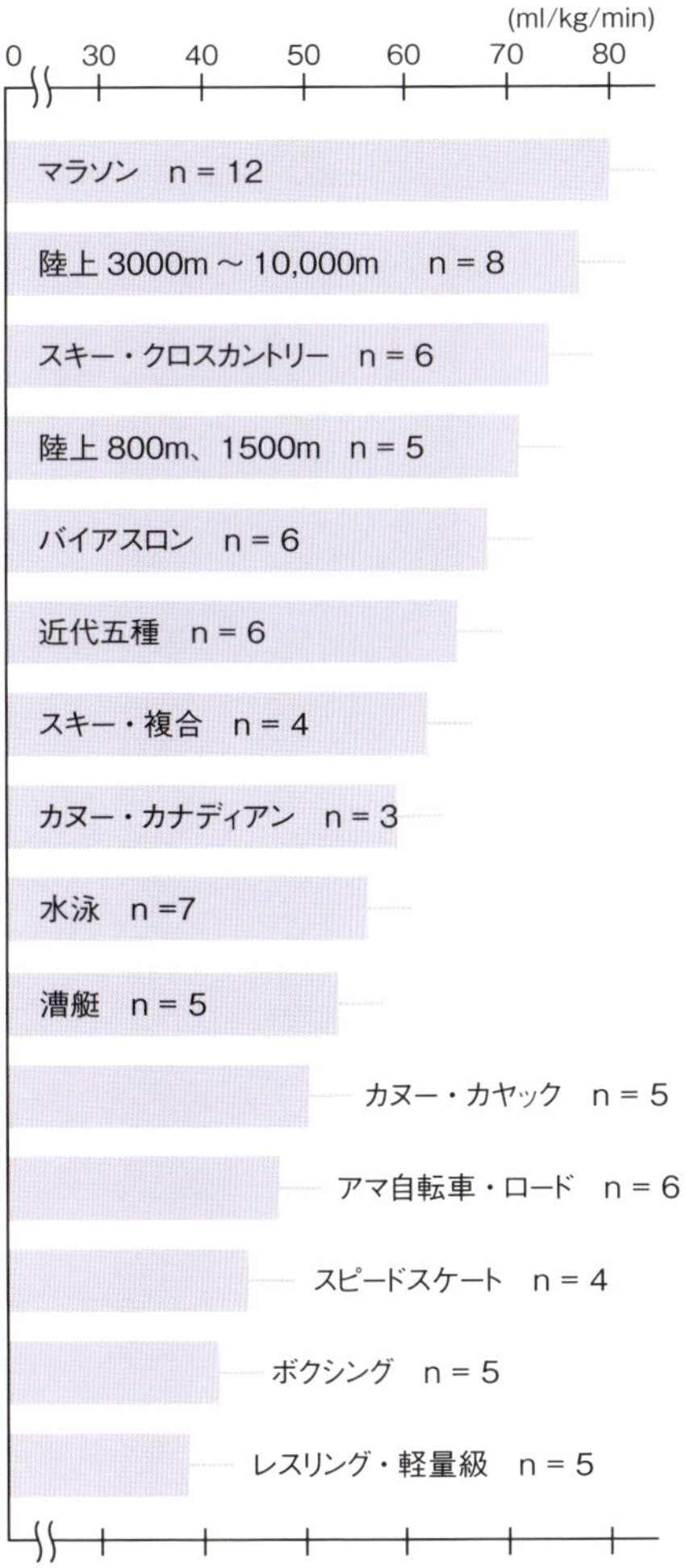

出典：黒田善雄ら，日本人一流競技選手の最大酸素摂取量並びに最大酸素負債量 - 第3報 ,1977. より作成

運動強度と最大酸素摂取量の関係

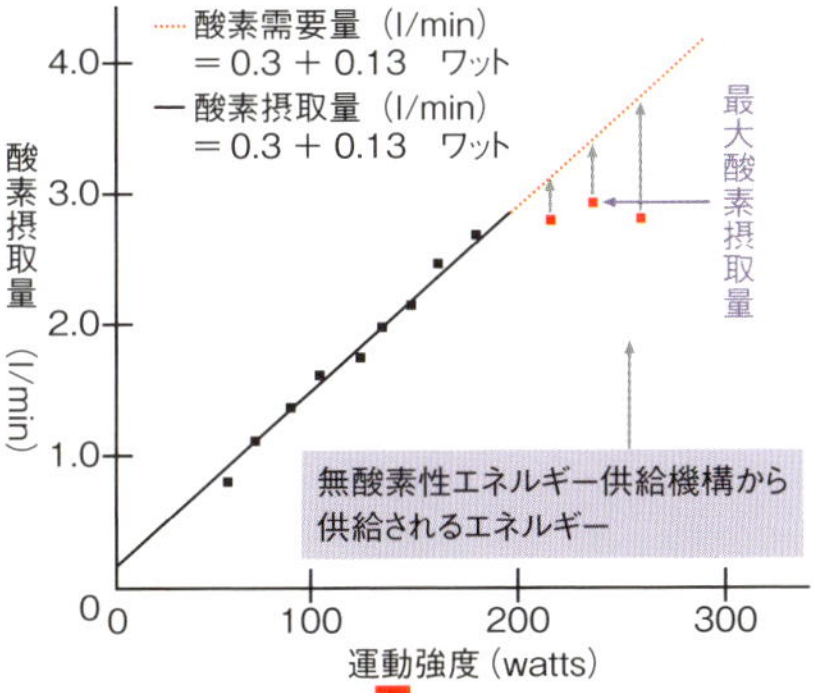

酸素摂取量は運動強度の上昇に伴い上がるが、途中から上がらなくなる
⇒最大酸素摂取量を示す

知ってる? 最大酸素摂取量の測定ではレベリングオフが唯一無二の条件

運動強度を低負荷から徐々に上げていく漸増負荷試験で測定するとある時点で酸素摂取量が増加しなくなるレベリングオフが表れる。このときの酸素摂取量を最大酸素摂取量とするが、レベリングオフを確認せずに最高酸素摂取量を最大酸素摂取量とするのは間違い。最大酸素摂取量の測定ではレベリングオフの確認が必須であり、唯一無二の条件なのだ。

Q46 最大酸素摂取量から持久力がわかりますか？

A 持久力はもちろん運動強度の指標として利用されています

最大酸素摂取量と持久力と運動強度

最大酸素摂取量（特に体重当たり）は、持久性の競技力に大きな影響を与えることがわかっており（山地、1990）、最大酸素摂取量が持久力の指標であることに間違いありません（⇒107ページ）。

また、ある絶対的運動強度（例えば走る速度）における持久力（疲労困憊に至る時間）は、その運動の相対的強度（最大酸素摂取量の％）によって決まっています。同じ強度の運動を行い疲労困憊に至る時間は、各個人の能力つまり最大酸素摂取量に対する、その運動で消費する酸素摂取量の相対値で決まっているということです。

同一の速度で歩いたり走ったりした場合、その体重当たりの酸素摂取量に個人差はそれほどありません。例えば分速183ｍで走った場合は40 ml/kg/min となります。そのときの相対的運動強度は、最大酸素摂取量が80 ml/kg/min のマラソンランナーの場合、最大酸素摂取量の50％です。この運動強度なら2時間以上悠々走り続けることができます。一方、最大酸素摂取量が40 ml/kg/min の一般人の場合は、最大酸素摂取量の100％ですので、10分も続けることができません。

2時間0分35秒で42・195㎞を走る人は、平均して100ｍを17秒15で走ります。さて、読者のみなさんはこの速さで何百メートル走れますか？

注目! 最大酸素摂取量は持久力と関係があり、5000m走の競技力の半分を説明する!

下の図は5000 m走の記録の51%は最大酸素摂取量で説明できることを示している（R^2=0.511）。マラソンエリートランナーは最大酸素摂取量が80 ml/kg/minを超えるが、縦軸を見るとそのような人は5000 mを13分台で走ることができる。一方、最大酸素摂取量が45 ml/kg/ minの一般人では18～19分かかってしまうということなのだ。

最大酸素摂取量と5000m走の記録の関係

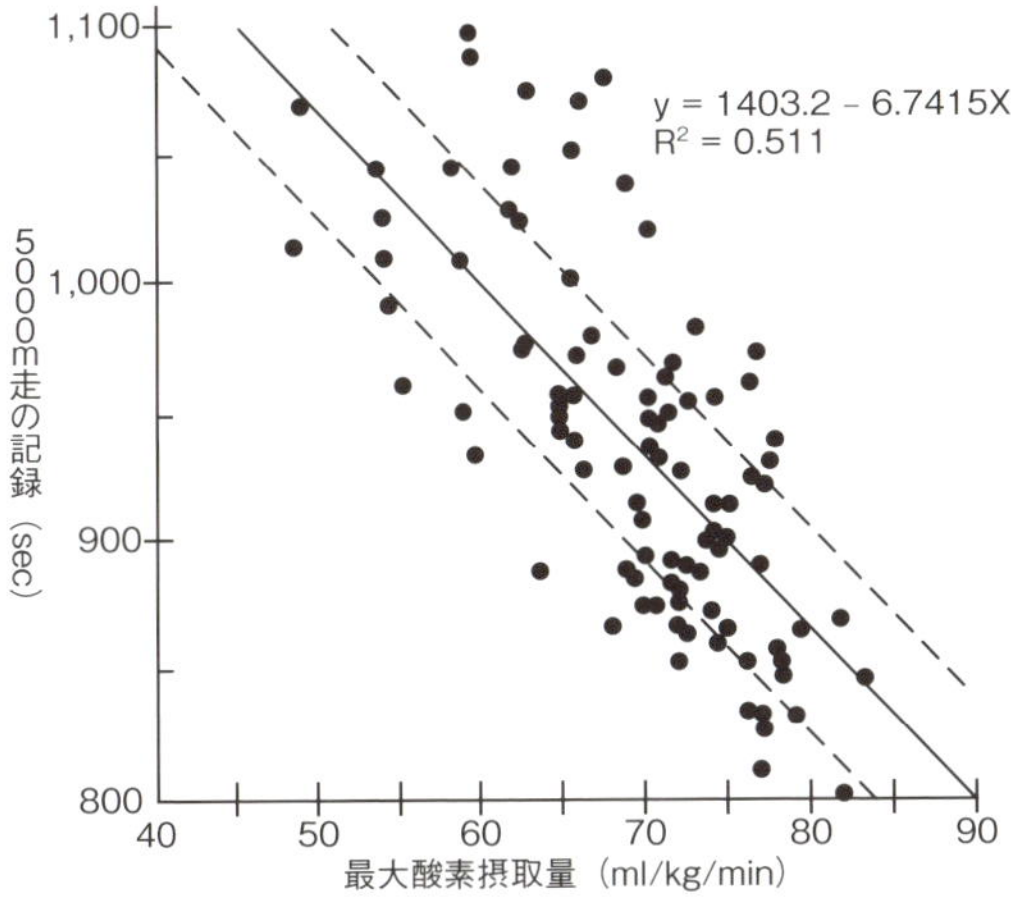

R^2（決定係数）が0.511であることから、最大酸素摂取量が5000 m走の記録を51%説明している
⇒最大酸素摂取量は持久力の指標

※最大酸素摂取量が大きくても記録がそれほどよくない人もいるが、それは残りの49%の要素が影響していると考えられ、一般的には最大酸素摂取量が大きい人は有酸素性運動の記録がよいといえる。

出典：山地啓司，最大酸素摂取量の科学，1992.

運動強度（最大酸素摂取量に対する%）と疲労困憊に至る時間の関係

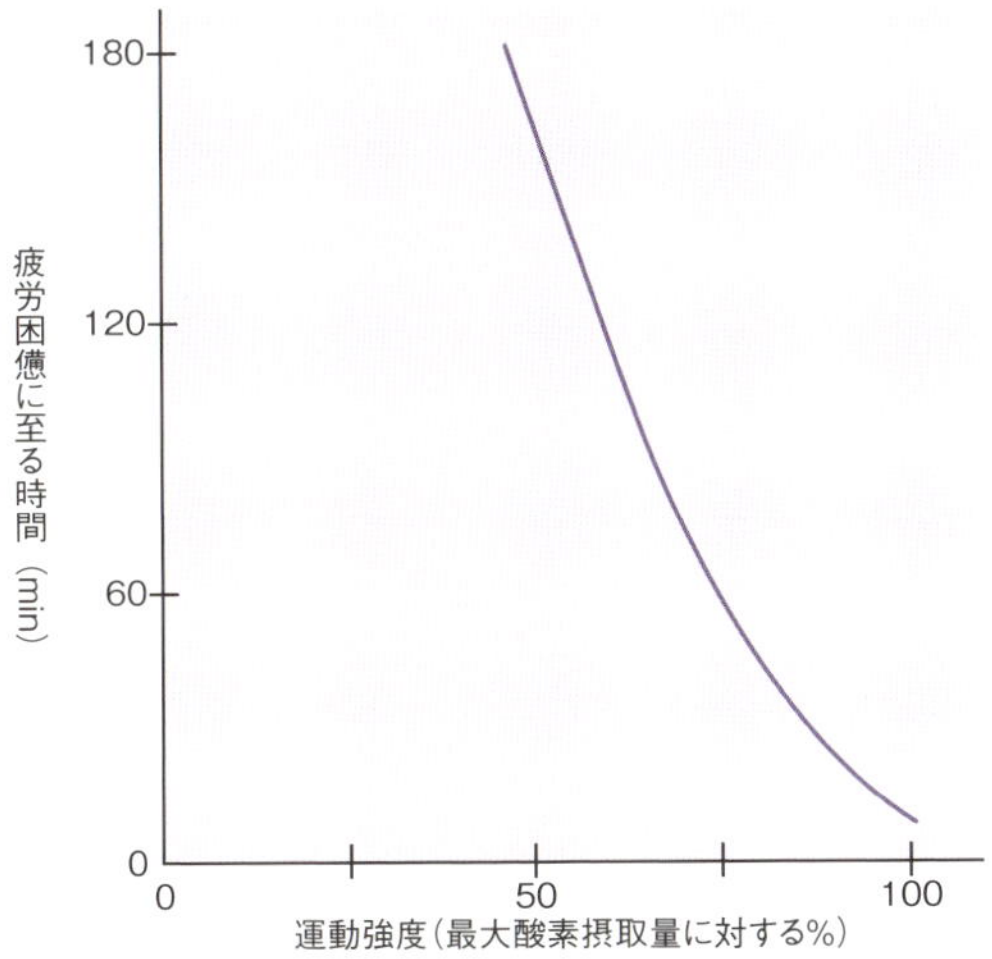

疲労困憊に至る時間は、その運動の相対的強度（最大酸素摂取量に対する%）で決まる
⇒最大酸素摂取量は運動強度の指標

※最大酸素摂取量80ml/kg/minのマラソンランナーと、最大酸素摂取量が40 ml/kg/minの一般人が、40 ml/kg/minの酸素を消費する運動を行うと、マラソンランナーの相対的強度は最大酸素摂取量の50%の強度で余裕で2時間以上運動できる。一方、一般人は最大酸素摂取量の100%の強度なので10分ももたない。

Q47 最大酸素摂取量の限定要因は何でしょうか？

A 最大酸素摂取量を最終的に決めているのは心臓の最大心拍出量です

最大酸素摂取量と最大心拍出量

いくつかの要因のうち最終的にその能力を決めている要因を限定要因といいます。最大酸素摂取量の限定要因は何でしょう。最大酸素摂取量を決める最大の要因として、①酸素を取り入れる肺の能力、例えば最大換気量（呼吸で1分間当たりに出したり入れたりできる空気の量、単位：l/min）、②肺から活動筋へ送られる酸素の量を決める血液の運搬速度、すなわち心臓のポンプ機能である最大心拍出量（心臓から1分間当たりに拍出される血液の量、単位：l/min）、③実際に酸素を消費する活動筋の酸素消費最大速度（単位：l/min）が挙げられます。これらのうち、最大酸素摂取量は、相対的に最も能力の低い機能によって決まります（⇒109ページ）。

まず、肺の換気能力は大変高く、最大酸素摂取量の限定要因にはならないと考えられます。次に最終的に酸素を使う筋の酸素消費最大速度も、相対的に高いので限定要因にはなりません。となると、最も相対的に機能が低いのは心臓であり、心臓の機能、つまり最大心拍出量によって最大酸素摂取量が決まります。

最大心拍出量には1回拍出量（心臓の左心室の容量）が関係しています。特にマラソンや自転車競技、クロスカントリースキーの最大酸素摂取量の多い競技選手の心臓は大きくなっており、スポーツ心臓と呼ばれています。

注目! 心臓の容積が大きければ大きいほど最大心拍出量も多く、最大酸素摂取量も多い！

長期間にわたって高強度のトレーニングを積んできたスポーツ選手では、心拡大や安静時心拍数の低下が生じる。これはトレーニングに対する適応であり、持久性トレーニングの場合には左心室容量（左心室に入る血液の量であり、左心室から駆出される血液の量。つまり1回の心臓の拍動で駆出される血液の量に反映する）が大きくなることで、最大心拍出量（1回拍出量と最高心拍数をかけたもの）も多くなり、最大酸素摂取量が高くなる。

最大酸素摂取量のボトルネックはどこだ？

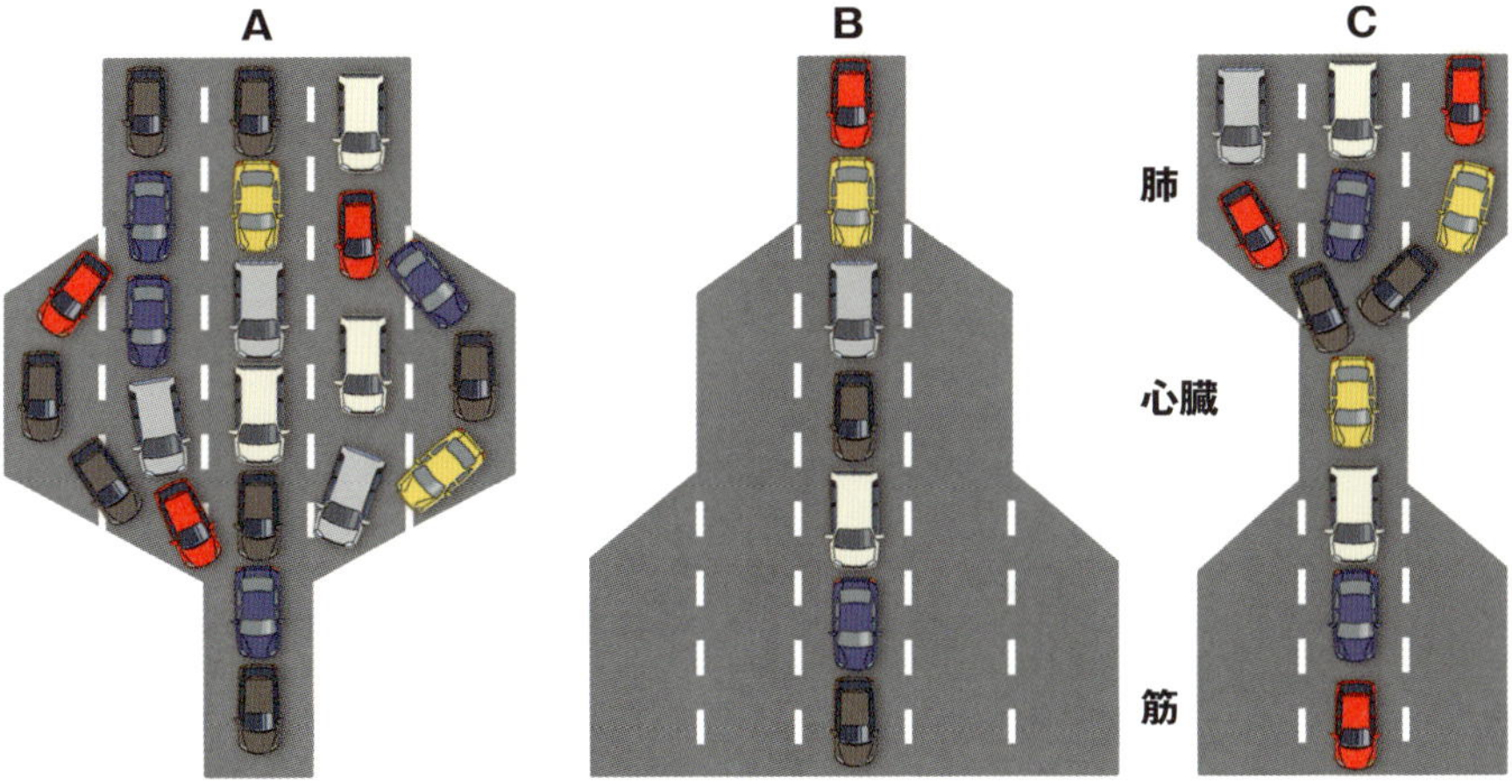

正解はC。心臓がボトルネック！

知ってる? スポーツ心臓の特徴

スポーツ心臓は、スポーツ選手にみられる心肥大の一つだ。持久性スポーツ選手の心臓は、左心室に入る血液の量（左心室容量）が大きくなる。心臓の筋肉の厚さは一般人と同じか少し厚いくらいで、左心室容量が大きいので最大心拍出量も多く、最大酸素摂取量が高くなる。1回拍出量が多いので安静時心拍数は少なくなり、3秒に1回しか心臓が動かない人もいる。トレーニングに対する適応で一過性の変化なので、治療の必要はなく、競技を長期間行わないと一般人と同じ大きさに戻る。

特徴 ①心臓が大きい　②左心室容量が大きい　③1回拍出量が大きい　④安静時心拍数が少ない　⑤競技を長期間中止すると1年程度で戻る

Q48 無酸素性エネルギー供給機構について詳しく教えてください

A 酸素を用いることなく化学反応でATPを再合成（補充）します

乳酸性と非乳酸性の2つの経路でATPを補充

無酸素性エネルギー供給機構は、酸素を用いることなく（酸化の化学反応なしに）、筋活動に必要なATPを補充（再合成）するシステムです。この機構には、乳酸が発生する乳酸性機構と、乳酸が発生しない非乳酸性機構という、2つのエネルギー供給の経路があります。

乳酸性エネルギー供給機構では、筋肉内のグリコーゲンが分解されて乳酸になるときに出るエネルギーを用いてATPが再合成されます。乳酸が生成されるため（⇒111ページの①）、筋中のpHが低下します。2分程度で疲労困憊に至るような運動では、筋のpHが6.7ほどになり、筋収縮を継続できなくなって疲労困憊となります。

非乳酸性エネルギー供給機構は、筋肉内にある高エネルギーリン酸のクレアチンリン酸から直接、ATPを補充します。クレアチンリン酸がクレアチンに分解されるときに放出されるエネルギーを利用してATPが再合成されるのです（②）。ATPの枯渇を防ぐための緊急経路であり、安静時に稼働することはほとんどありません。

筋肉内にクレアチンリン酸はATPの約5倍の量があります（クレアチンリン酸は筋1kg当たり約20 mmol、ATPは約4mmol）。運動の開始時や高強度の運動で利用され、2分程度で疲労困憊するような運動ではほぼ枯渇します（無くなります）。

注目! 2分で疲労困憊に至るような運動では、乳酸が大量に発生し、クレアチンリン酸も枯渇

運動時のエネルギーは、有酸素性エネルギー供給機構と無酸素性エネルギー供給機構から供給される。２分で疲労困憊に至る運動では、無酸素性エネルギー供給機構の解糖系がフル稼働して大量の乳酸が発生し、その影響で運動が継続できなくなる。また、クレアチンリン酸もフル利用されほぼ枯渇してしまう。

グリコーゲン（１ブドウ糖単位）＋３リン酸＋３ADP
→４乳酸＋ 3ATP ＋ $4H_2O$ ①
CrP（クレアチンリン酸）＋ ADP →Cr（クレアチン）＋ ATP ②

２分程度で疲労困憊に至る運動中の有酸素性エネルギー供給機構と無酸素性エネルギー供給機構（乳酸性および非乳酸性エネルギー供給機構）の貢献度

２分で疲労困憊に至る運動中の筋中濃度（mmol/ 筋 kg）の変化

	安静時	疲労困憊時	ATP 産生量
乳酸濃度	1	35	26
クレアチンリン酸濃度	22	0	22

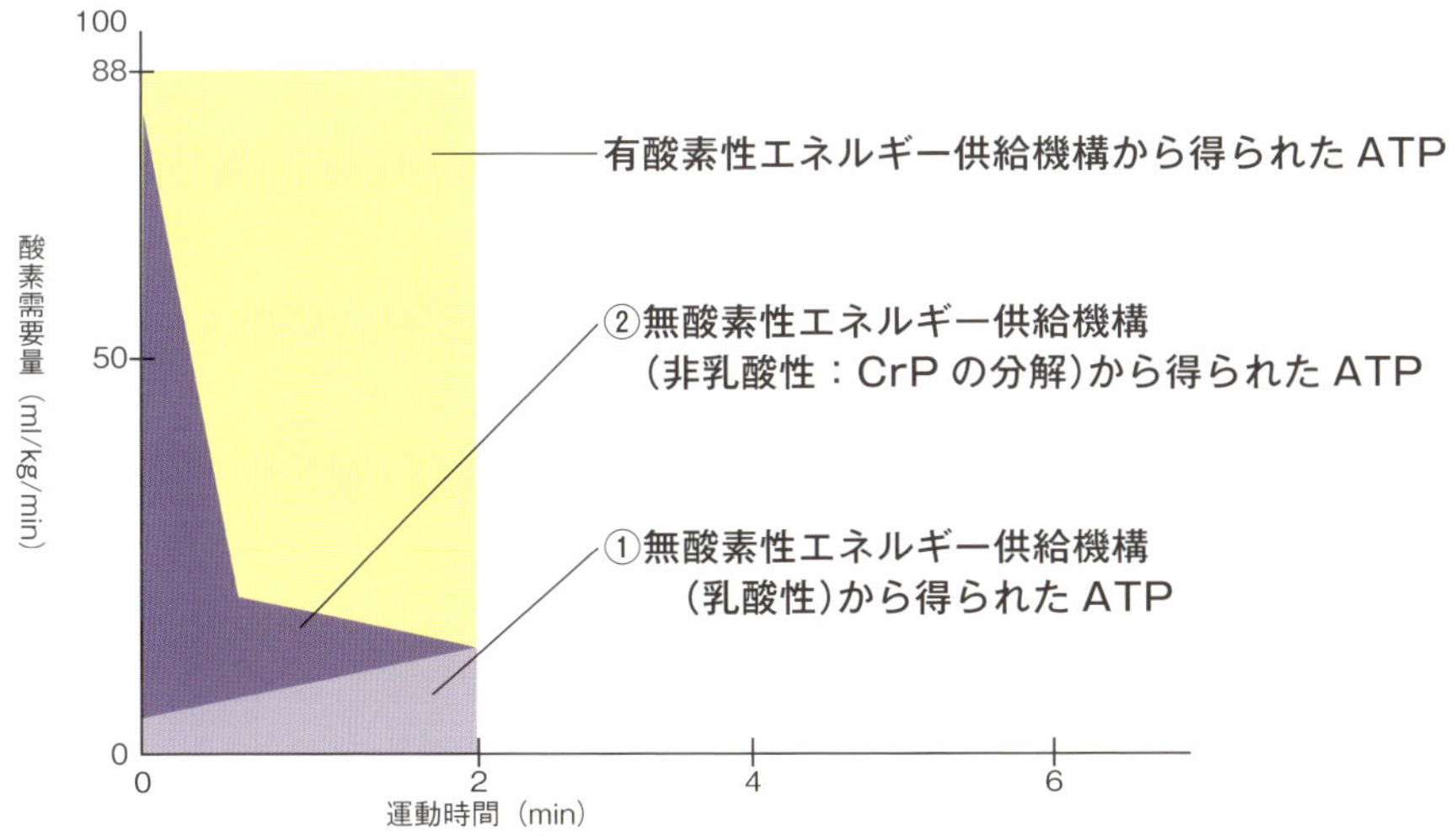

運動時のエネルギー（ATP）供給機構には酸素を必要としない機構がある（乳酸性および非乳酸性エネルギー供給機構）
⇒無酸素性エネルギー供給機構

Q49 無酸素性エネルギー供給量はどうやって測定するのですか?

A 筋肉を取り出して成分を分析することで調べることができます。しかし・・・

本当に筋肉を取り出して測定するの?!

有酸素性エネルギー供給量は、吐いた息(呼気)を集めて酸素摂取量を測定することにより、「身体の外から」評価することができます。酸素1ℓの消費は5.0 kcalのエネルギー消費量に換算されます。一方、無酸素性エネルギー供給量は、無酸素性エネルギー供給機構が筋肉内で完結していることから、身体の外から測定することは困難です。

無酸素性エネルギー供給量は筋肉内の関連物質(グリコーゲンの減少量、乳酸の産生量、クレアチンリン酸)の変化を測定すればわかりますが、それには、生身の人間から筋肉を取り出す必要があります。それを可能にしたのが、113ページの写真にあるニードル(needle)を使ったバイオプシー法(筋生検法)です。

しかしバイオプシー法でわかるのは、あくまで採取した筋中の濃度(例:筋1kg当たりの物質の量)です。もし、量を知りたければ、活動した筋の体積を知らなければなりません。例えば、缶コーヒーに含まれている糖分の量は、糖の濃度(g/dl)と体積(dl)から、濃度が5g/dlで体積が2 dlなら10gと計算すればわかります。しかし、身体活動で動員される筋の量(体積)を測定することはほとんど不可能です。

そこで、考え出されたのが酸素借という指標です。

注目! 特殊な針を使って筋肉を採取し、乳酸やクレアチンリン酸などの濃度変化を調べる

筋内の代謝を調べる筋組織の生検（バイオプシー）は、活動筋の皮膚と筋膜を切開して写真のニードル（針）を筋肉に挿入し、外筒の穴にメスのついた中筒を押し込んで引き出すことで筋組織を採取する。１回で 10mg が採取でき、それを身体活動の前後に行い、高感度の蛍光分光測定法などの方法で測定する。

筋組織を取り出すバイオプシーニードルの写真

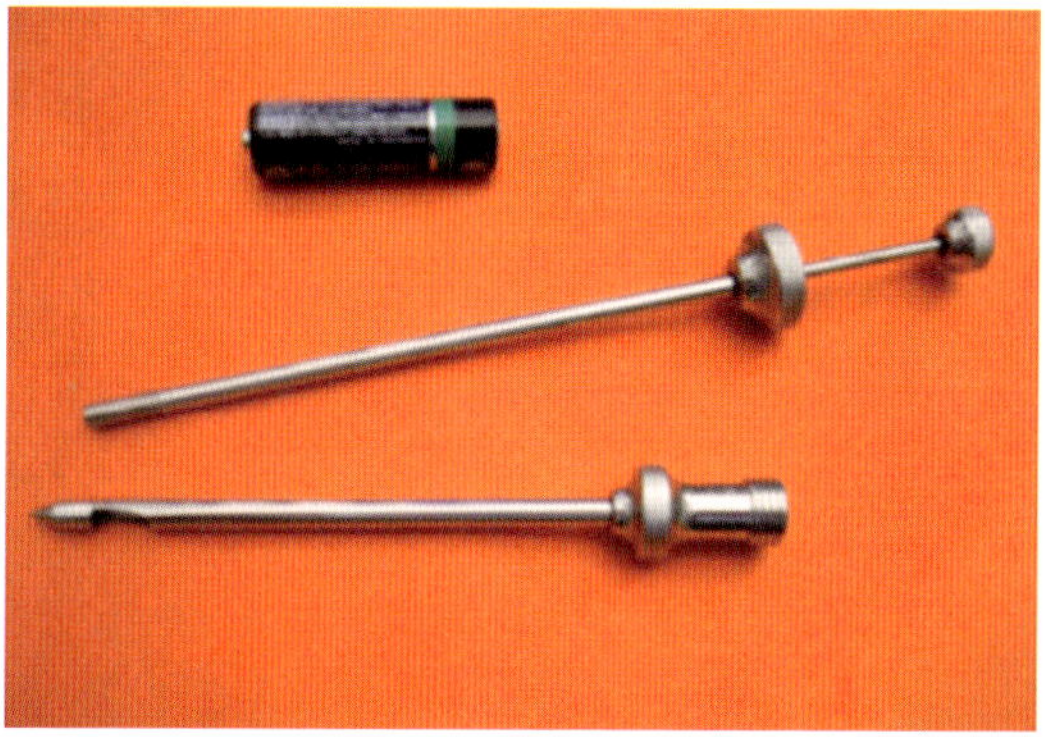

自転車エルゴメータ運動に使用される筋量が 10kg 以上であることを考えると、この方法で採取される組織量は 10mg と微量（１g の 100 分の１程度）であり、その後の生活や競技生活に影響を与えるものではない。これまでにエリートアスリートを含め多くのヒトから筋が採取されている。筆者もノルウェーで 16 回、アメリカで４回と、合計５回の実験で、筋を採取してもらっている。

知ってる? バイオプシー法で筋肉を分析すると筋線維組成がわかるよ！

下の写真は、筆者の大腿の筋肉をバイオプシー法で取り出し、特殊な方法で染色して分析したものだ。ヒトを含む哺乳類の筋細胞は２種類に大きく分けられる。１つは、発揮パワーは低いが持久力が高い遅筋線維、もう１つは発揮パワーは高いが疲労しやすい速筋線維。写真で濃く染まっている筋細胞が遅筋線維、薄い色の筋細胞が速筋線維である。これを見ると速筋線維６割、遅筋線維４割なので、筆者はどちらかというとパワー系の筋肉の持ち主であることがわかる。

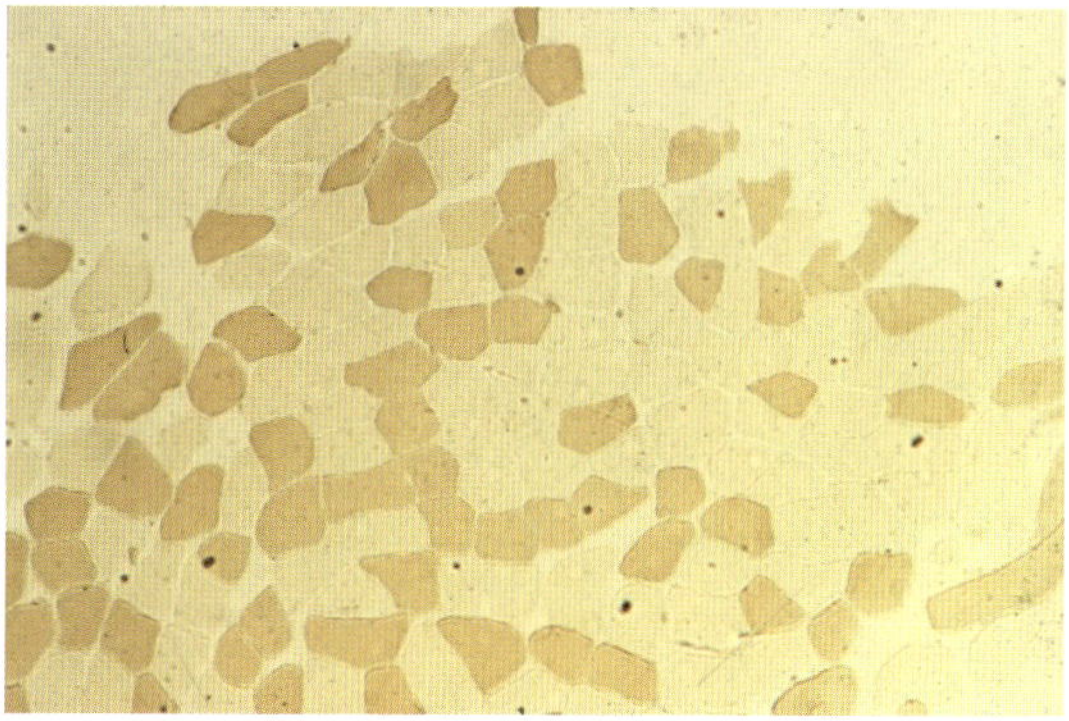

Q50 最大下強度の運動中の酸素借はどのように求めますか？

A 運動に必要な総酸素需要量から総酸素摂取量を引いて求めます

酸素借は酸素の量で表す

酸素借とは、酸素量（単位：L（リットル））として無酸素性エネルギー供給機構から供給されるエネルギーの量を表したものです（酸素1L＝5kcal に相当）。

酸素借を計算する前に、まず酸素需要量と総酸素需要量について理解しましょう。

酸素需要量は、運動で必要とされる1分当たりの酸素量（L／分）です。運動強度が最大酸素摂取量に達しない最大下強度の場合、定常状態になったときの酸素摂取量（⇓115ページ図の青丸）が、その運動における酸素需要量（L／分）となります。そして、全運動を実施するために必要なエネルギーの総量である総酸素需要量は、酸素需要量に運動時間をかけた値になります（⇓同ページ図の四角で囲まれた全体）。

次に、総酸素摂取量は、運動開始から運動終了まで実際に測定された酸素摂取量（単位：L）（⇓同ページ図の青色部分）です。その値は総酸素需要量よりも少ない量になります。そしてその差（総酸素需要量と総酸素摂取量の差）が酸素借であり、無酸素性エネルギーで賄っているエネルギー量を反映しています（⇓同ページ図のピンク色部分）。

具体的には、酸素借は、総酸素需要量から総酸素摂取量を引いた値として算出されます。

注目! 酸素借は無酸素性エネルギー供給量を示し、最大下強度運動では運動初期にのみみられる

最大下強度の運動の酸素借は、運動中の総酸素需要量から総酸素摂取量を引いたもの（単位：酸素量（Ｌ））。運動強度が運動中に変わらない場合、総酸素需要量は酸素需要量 (L/min) ×運動時間（min）。総酸素摂取量は運動中の酸素摂取量の総和。下図のように、最大下運動では酸素借は運動の初期にのみ観察される。

最大下強度の運動中の酸素摂取量の変化

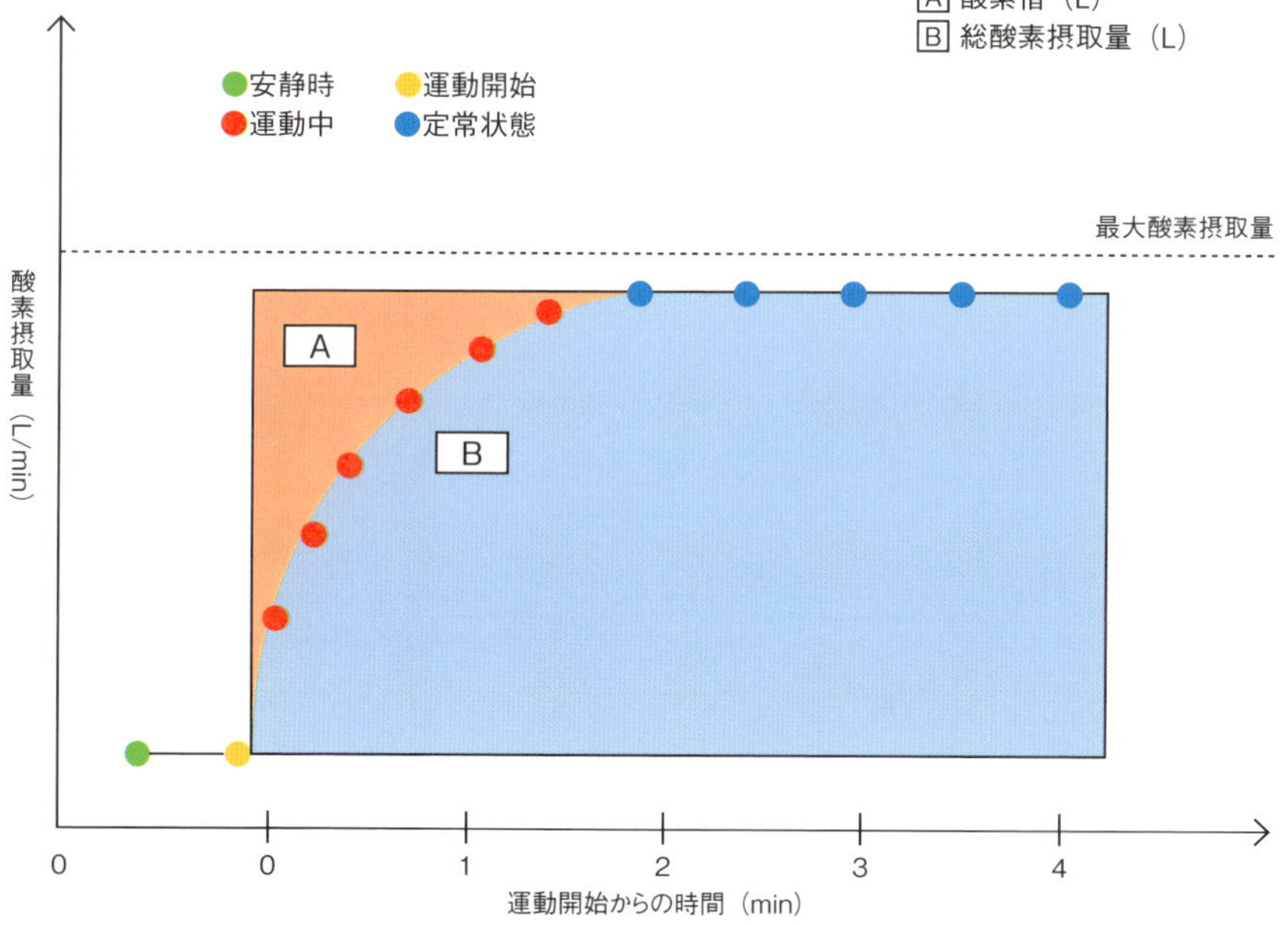

最大下強度の運動の酸素借の計算方法

＝ 運動全体の総酸素需要量 － 実際に計測された酸素摂取量

＝ 酸素需要量（L/min）× 運動時間（min）－　酸素摂取量（L）

（例）酸素需要量が 2.0L/min、実際の酸素摂取量が 7.0L の場合

＝ 2.0L/min × 4min － 7.0L ＝ 8L － 7 L ＝ 1 L

Q51 最大酸素借とは何ですか？

A 最大酸素借は酸素借の個人の最大値です

2分程度で疲労困憊に至る運動で測定する

最大酸素借は、酸素借の個人の最大値です。最大酸素摂取量を超える超最大強度の運動でみられ、求め方は、最大下強度の運動のときと同様に、総酸素需要量から総酸素摂取量を引いたものになりますが、総酸素需要量の求め方が異なります。

超最大強度の運動の場合、総酸素需要量は、運動強度と酸素摂取量の直線関係（⇩117ページ右下図）から、実測より先に直線を伸ばして推定して求めた酸素需要量に運動時間をかけた値になります（⇩117ページ左下図の四角で囲まれた全体）。

酸素借は、30秒で疲労困憊に至る運動より、1分で疲労困憊に至る運動、それよりも2分程度で疲労困憊に至る運動のほうが高くなります。しかし、疲労困憊に4分程度で至る運動と2分程度で至る運動の酸素借には差はありません（⇩117ページ）。この現象はどの人にも観察され、これを最大酸素借と定義します。

無酸素性エネルギー供給量の最大値である最大酸素借は、人によって異なることが知られています。個人差は倍程度ある場合もあり、その量が運動、特にミドルパワー（30秒〜2分程度で疲労困憊に至る強度）の運動のパフォーマンスに影響を与えるので、最大酸素摂取量と同様にスポーツに関する体力ととらえることができます。

注目! 最大酸素借は無酸素性エネルギー供給機構の能力を表し、体力の構成要素の１つである

有酸素性エネルギー供給機構の指標は最大酸素摂取量。これに対して無酸素性エネルギー供給機構の指標は最大酸素借である。運動に必要なエネルギーは無酸素性と有酸素性の両方のエネルギー供給機構から補給されているので、最大酸素借はスポーツのパフォーマンスに欠かせない体力要素なのだ。

疲労困憊に至る時間ごとの酸素借

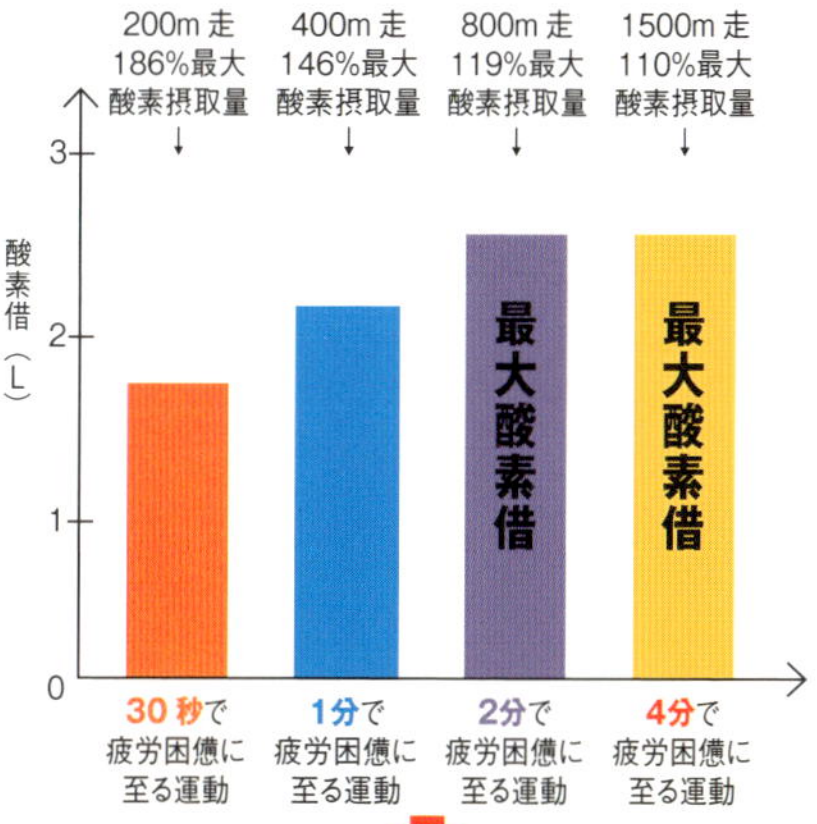

疲労困憊に２分程度で至る運動でも４分程度で至る運動でも最大酸素借は同じ
⇒酸素借を最大までためる時間が２分か４分かの違い

30秒程度から９分程度で疲労困憊に至る運動の酸素借

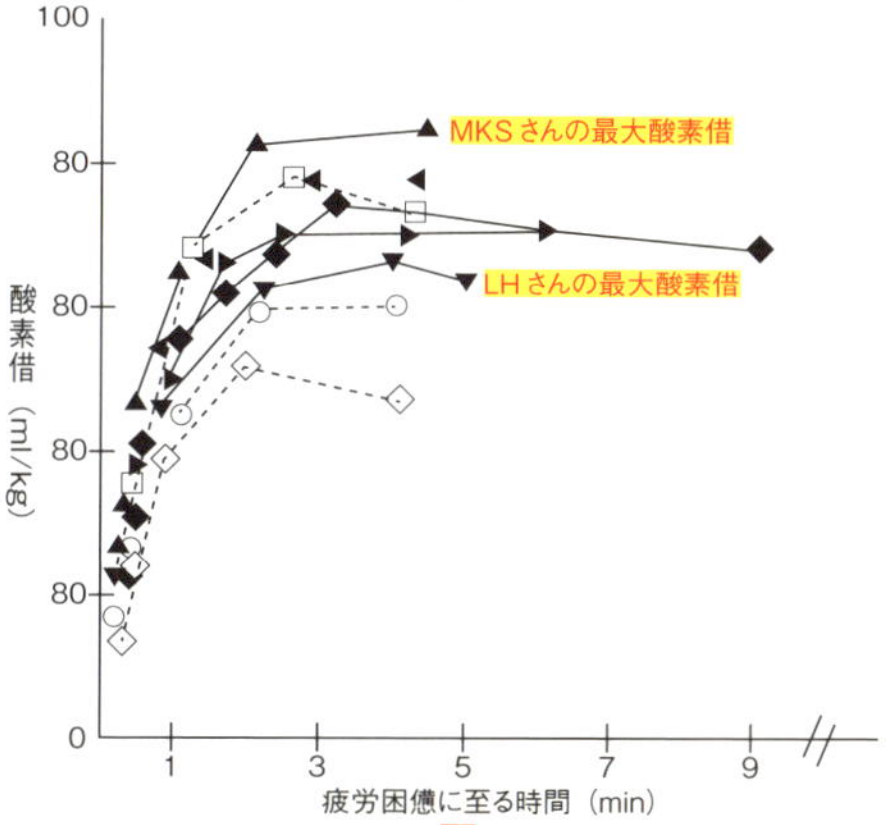

最大酸素借には個人差がある。その差は２倍近い場合もある
⇒無酸素性エネルギー供給量の差が最大酸素借に表れる

超最大強度運動中の酸素摂取量の変化

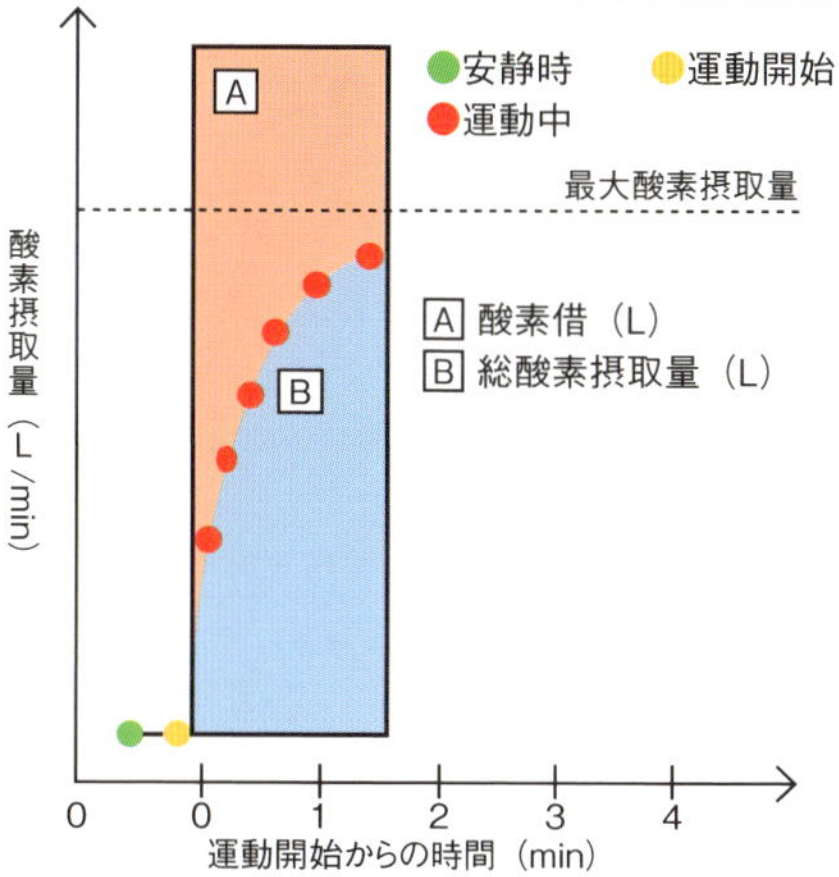

超最大強度運動の酸素需要量の推定法

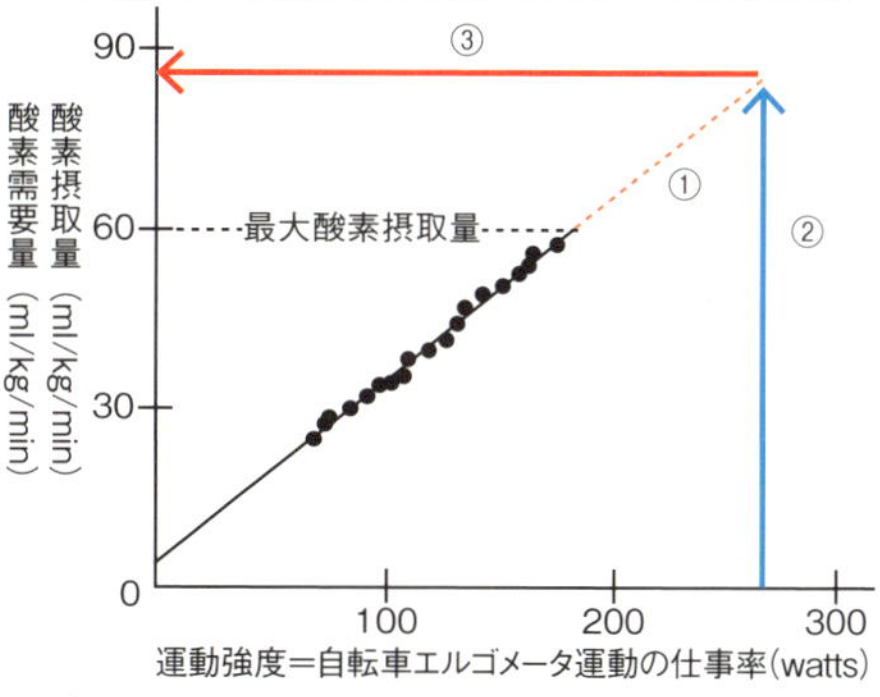

① 最大下強度運動で求めた酸素摂取量と運動強度の直線関係の延長線
② 超最大強度運動の運動強度
③ ②の運動強度のときの酸素需要量

※最大酸素借の単位は、最大酸素摂取量と同様に体重当たり（ml/kg）で表すこともある

Q52 最大酸素借の個人差に影響を与えているのは何でしょうか?

A 乳酸産生の能力です。乳酸産生は最大酸素借の限定要因といえます

クレアチンリン酸の枯渇と乳酸の増加

無酸素性エネルギー供給量には限界があり、それが最大酸素借です。

無酸素性エネルギー供給機構は、非乳酸性と乳酸性の2つのエネルギー産生経路があります。非乳酸性エネルギー供給機構ではクレアチンリン酸からATPを再合成しますが、それは筋肉内にクレアチンリン酸が無くなった時点で終了します。つまり、非乳酸性エネルギー供給量には限界があり、それは、濃度（身体活動前の筋中クレアチンリン酸濃度）×量（活動筋量）により決まっていると考えられます。

また、乳酸性エネルギー供給機構にて産生された乳酸によって筋中のpHが低下すると、筋肉内で収縮機能が低下し、疲労困憊に至ります。つまり、ある一定の濃度まで乳酸がたまり、pHが低下すると筋収縮が停止するということです。一定のpHで運動が止まったときには、それに対応した量の乳酸が産生されています。その量には個人差があり、濃度（筋中乳酸濃度の最高獲得値）×量（活動筋量）により決まり、これも限界があります。

無酸素性エネルギー供給量は、限界のある非乳酸性と乳酸性のエネルギー供給量の和として計算され、それに対応する酸素借には限界があり、それが無酸素性エネルギー供給量の最大値の指標である最大酸素借なのです。

注目! 最大酸素借が高い人は乳酸産生能力が高く、乳酸がたまってもpHが下がらない筋肉を持つ

運動中の乳酸性エネルギー供給機構からのエネルギー供給は、乳酸産生による水素イオンの影響で筋中のpHが6.6になると筋肉が動かなくなって終了する。最大酸素借にみられる個人差は、たくさん乳酸を産生できるかどうか、つまり乳酸がたくさんたまってもpHが下がらない筋肉か否かによる差なのだ。

30秒から2分で疲労困憊に至る運動での筋肉内のクレアチンリン酸濃度、乳酸濃度、pHの変化（バイオプシー法による分析結果）

○筋中クレアチンリン酸濃度の変化

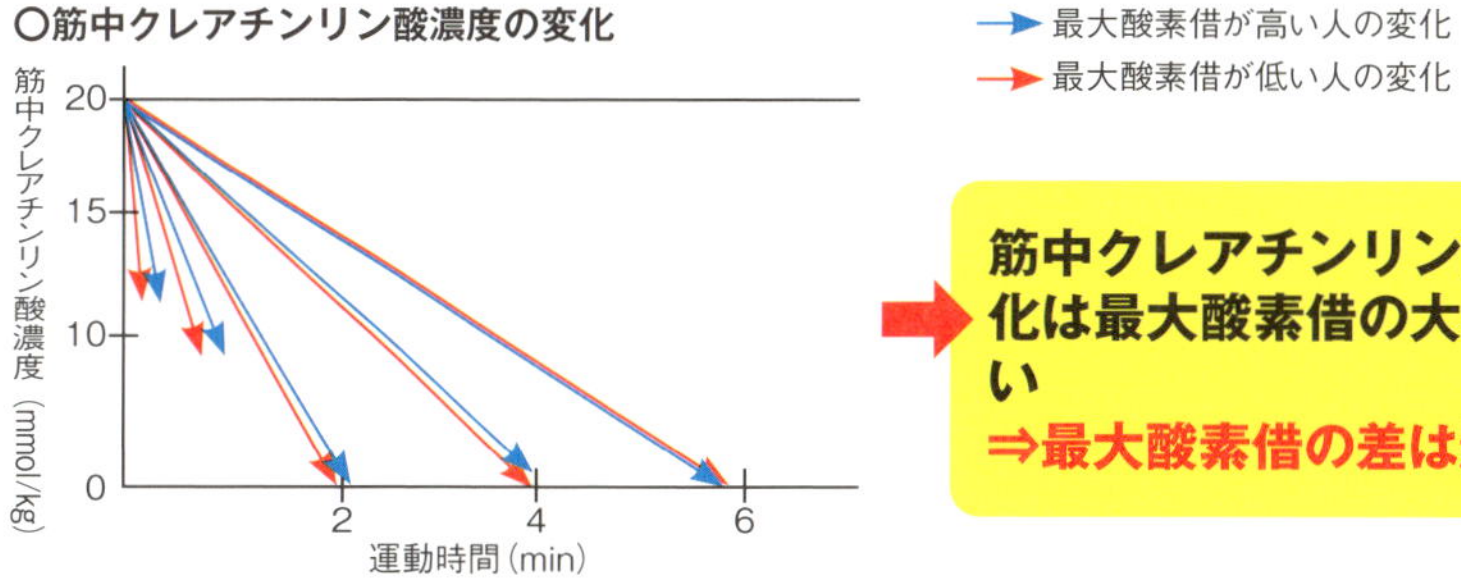

筋中クレアチンリン酸濃度の変化は最大酸素借の大小に関係ない
⇒最大酸素借の差は影響しない

○筋中乳酸濃度の変化

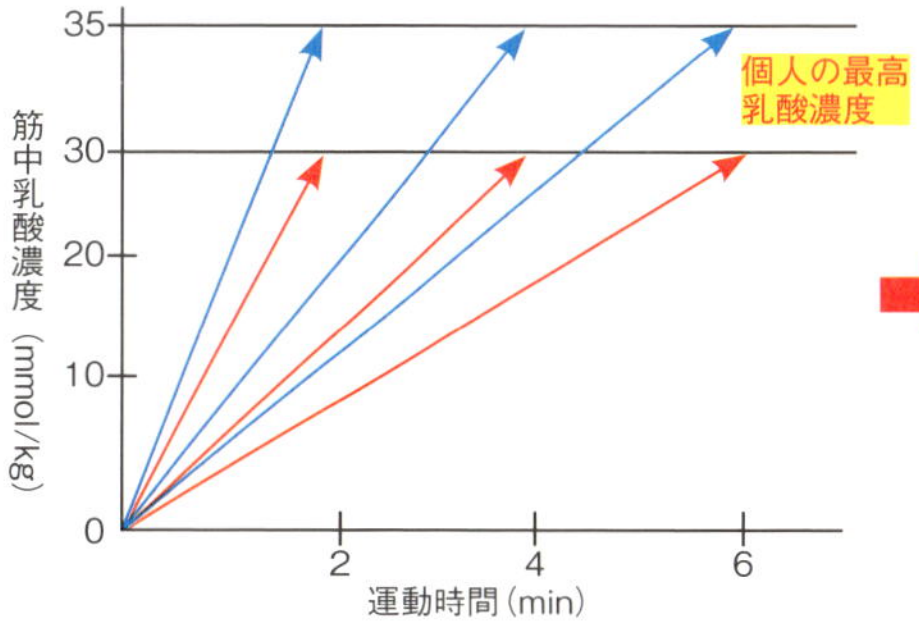

筋中乳酸濃度は最大酸素借が高い人ほど高い
⇒乳酸産生が最大酸素借に影響を与える

○筋中pHの変化

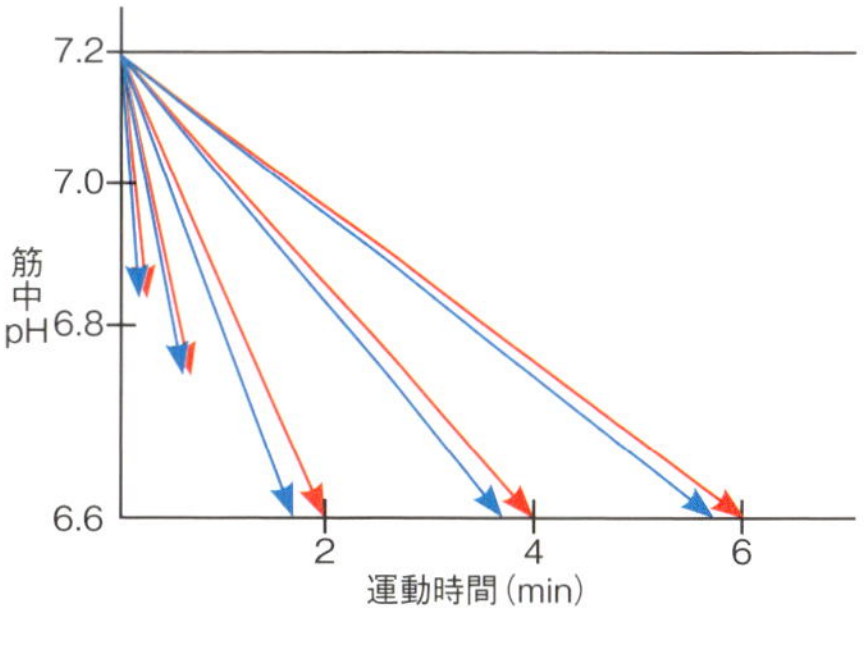

疲労困憊に至るときの筋中pH（水素イオン濃度）は最大酸素借が多い人と少ない人で差がない

出典：Sharp R L, Costill D L, Fink W J, King D S (1986). Effects of eight weeks of bicycle ergometer sprint training on human muscle buffer capacity. International J Sports Med 7, 13-17.

TOPIC

乳酸は悪者ではない!?
血中乳酸濃度と競技成績との関係は？

下の図は、アルペンスキー大回転の運動終了時の筋中乳酸濃度を反映する運動後の血中乳酸濃度の最高値と競技成績（タイム）との関係を示しています。驚くことに、血中乳酸濃度が高い選手のほうがタイムが速い、つまり競技成績がよいという結果です。

下記の化学式が示すように、乳酸産生量の1.5倍の量のATPが産生されます。血中乳酸濃度は筋肉の乳酸産生量を反映しますので、血中乳酸濃度が高いということは、筋中におけるATPの産生量が多いということになります。

グリコーゲン（1ブドウ糖単位）＋3リン酸＋3 ADP → 2乳酸＋3 ATP ＋4 H_2O

乳酸の産生量が多い選手は、短い運動中により多くのATPを再合成（ATPをより多く消費）し、より速くゴールに到達するのです。このような1分程度の運動では、酸素借は最大酸素借に達しません（⇒117ページ）ので、乳酸濃度も疲労を引き起こすような高いレベルまで上昇しません。

最大酸素借が観察されるような運動では、血中乳酸濃度が高いということはその人が競技中に疲労してしまったということになりますが、最大酸素借に至らない1分程度で疲労困憊に至る運動の場合、運動終了時の筋中乳酸濃度を反映する運動後の血中乳酸濃度の最高値が高ければ高いほど競技成績がよいのです。乳酸は低いほうがいいと思っている方が多いと思いますが、乳酸は決して悪者ではありません！

大学アルペンスキー選手の大回転競技終了後の血中乳酸濃度と競技成績との関係

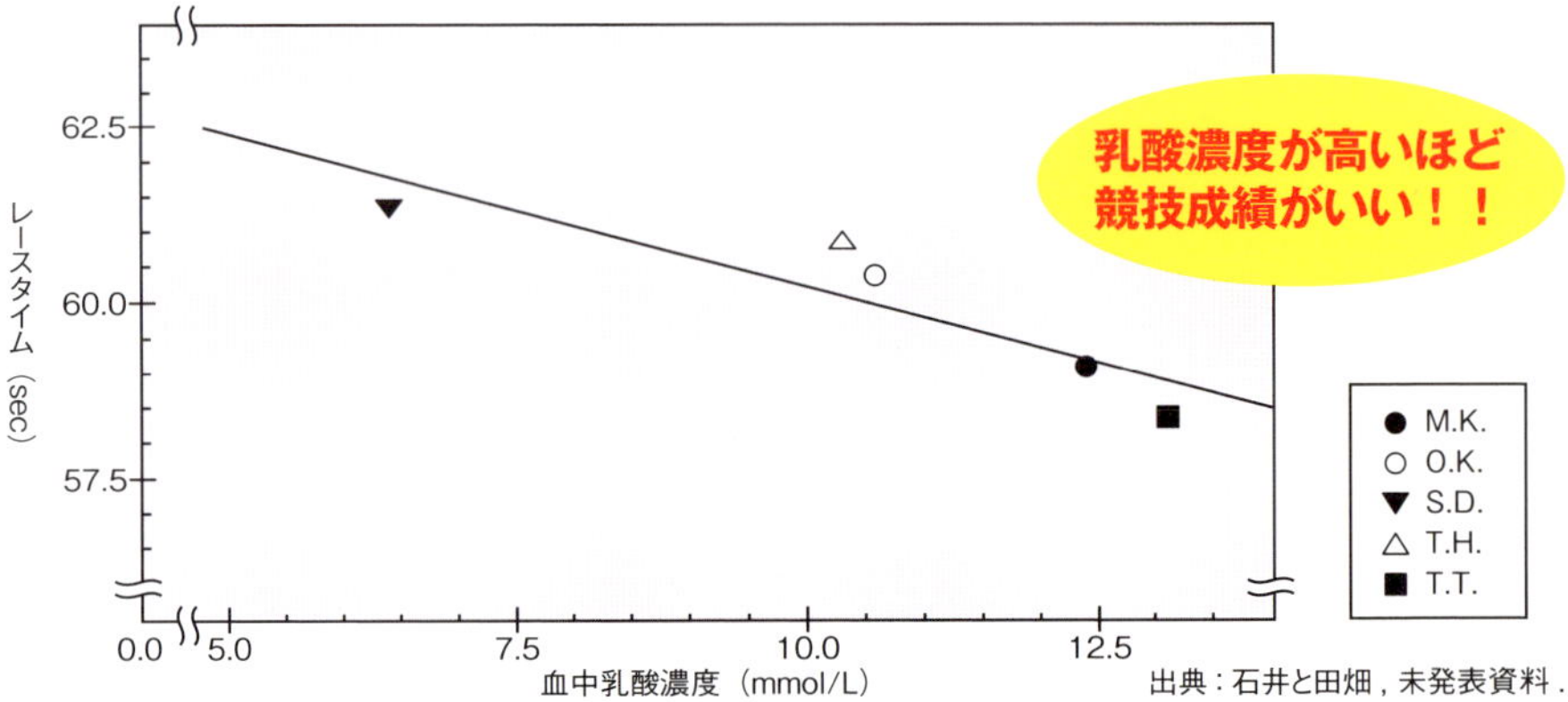

出典：石井と田畑，未発表資料．

第5章

運動科学アドバンス

Q53 グリコーゲンローディングというのは何のことですか？

A 試合前に筋肉のエネルギー源である筋グリコーゲンを貯えるための食事方法です

グリコーゲンローディングで疲労を抑える

疲労の原因はさまざまですが、1時間程度で疲労困憊に至るような運動、例えばランニングでいえば箱根駅伝からエリートランナーが走るハーフマラソンなどの競技では、活動筋のエネルギー源である筋グリコーゲンの枯渇が、疲労の原因の1つと考えられています。

筋グリコーゲン濃度は日々のトレーニングで変化しますので、筋グリコーゲンが枯渇することがないように、試合前にグリコーゲンを十分に確保するために行われているのが「グリコーゲンローディング」です。

グリコーゲンローディングのやり方は各種あります。

基本的には、高強度の短時間運動と中等度の長時間運動で筋のグリコーゲン濃度を枯渇させてから、①いったん高脂肪・低糖質食を3日ほど食べて、次の3日間、試合の日まで高糖質食を食べる古典的なやり方と、②同様の運動を行い、通常の混合食を食べた後、高糖食を食べる改良型のやり方があります。高脂肪食を食べた場合、下痢を起こす人がいるので、②の改良型のやり方を取ることが多いです。

ちなみに最大酸素借が得られるような2分から10分程度で疲労困憊に至る運動では、筋肉中のエネルギー源であるグリコーゲンは無くなることはないので、グリコーゲンローディングをする必要はありません。

注目! 最大酸素借が観察される高強度・短時間運動ではグリコーゲンローディングは必要ない

試合中に筋グリコーゲンを使い果たして動けなくなるようなスポーツでは、グリコーゲンローディングは有益だが、それ以外の運動、例えば 2～10 分で疲労困憊になるような運動では、グリコーゲンローディングは不要だ。

30 秒から 6 分で疲労困憊に至る運動での大腿四頭筋のグリコーゲン濃度の変化

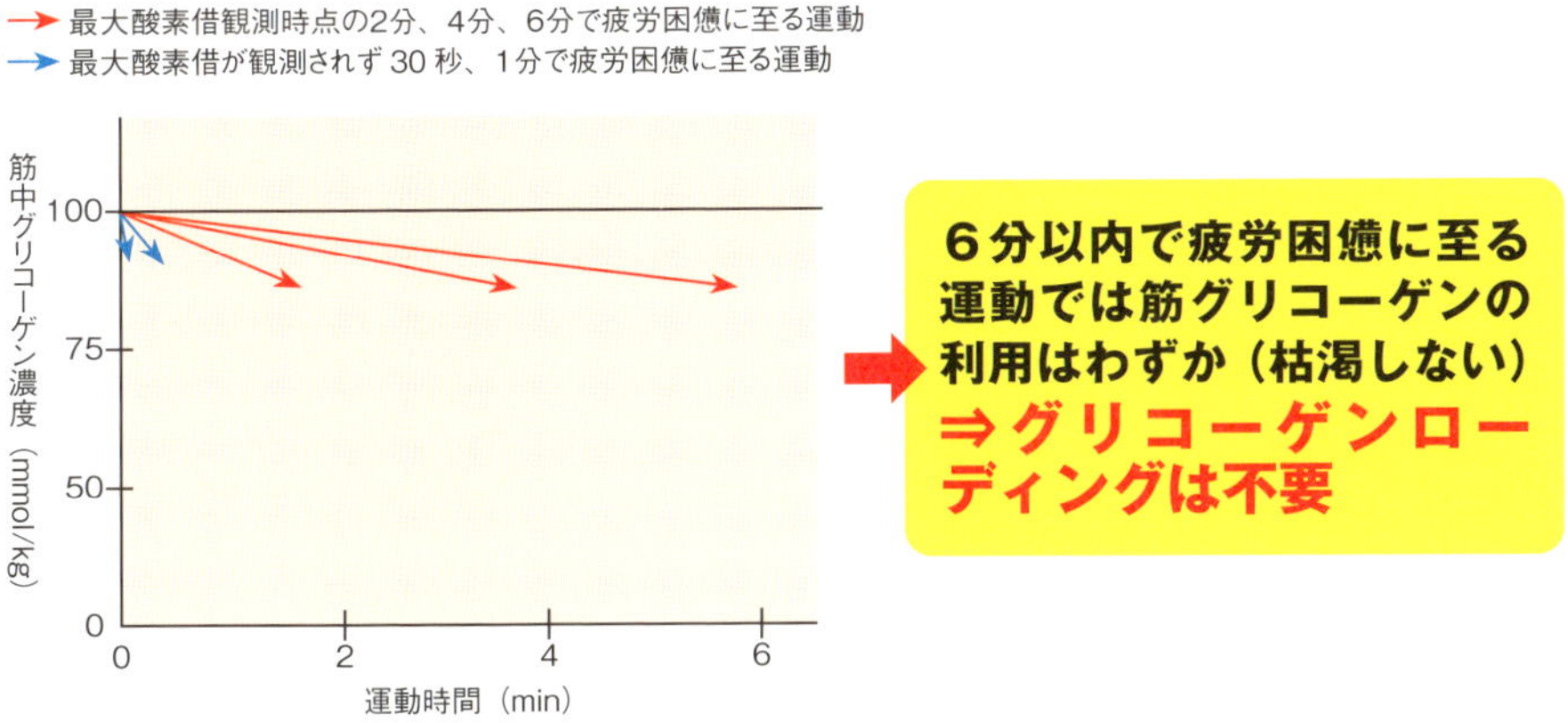

出典：Medbo I J and Tabata I, Anaerobic energy release in working muscle during 30 s to 3 min of exhausting bicycling. J Appl Physiol 75:1654-1660, 1993.

知ってる?

グリコーゲンローディングのやり方

グリコーゲンローディングは、カーボハイドレート（carbohydrate：炭水化物）ローディングとも呼ばれ、使用する筋肉に貯蔵されているグリコーゲンが枯渇して疲労しないように、糖質を計画的に摂取して競技前に筋肉のグリコーゲンの量を高めておく方法だ。筋グリコーゲンが枯渇するような運動時間が 1 時間程度のローパワーの運動（⇒ 127 ページ）には有効であるが、それよりも高強度や低強度の運動では筋グリコーゲンは枯渇しないので行う必要はない。古典的なやり方と改良型のやり方があり、どちらも通常の 2 倍程度のグリコーゲンを筋肉に貯えることが可能。導入する場合には、詳しいやり方を公認スポーツ栄養士に聞いてください。

	試合6日前～4日前	試合3日前～当日	メリット・デメリット
① 古典的なやり方	高脂肪＋低糖質食	高糖質食	心身へストレスが大きい
	高強度短時間運動＋中等度長時間運動	トレーニングは控えめ	
② 改良型のやり方	通常の混合食	高糖質食	心身へのストレスが小さい
	高強度短時間運動＋中等度長時間運動	トレーニングは控えめ	

Q54 運動中の疲労の原因について教えてください

A 運動強度（パワー）によって疲労の原因は異なります。パワー別に紹介します

ハイパワーの運動の疲労

運動神経の刺激が筋細胞膜で渋滞し伝達できなくなる

運動における疲労の原因は複数あり、運動強度によって異なります。

1分以内で疲労困憊に至るハイパワーの運動では、短時間に高速でエネルギーを産生しますが、疲労困憊に至るまでの時間が短いため、筋中のエネルギー源（クレアチンリン酸、グリコーゲン、中性脂肪）は疲労困憊時にも十分に残っています。また、筋中乳酸濃度も、後述するミドルパワーの運動のように、筋中pHを疲労困憊に至るほど低下させるレベルまで上昇することはありません。つまり、エネルギー源を使い切ることなく、運動が継続できなくなるということです。

ハイパワーの運動による疲労の原因がエネルギー源の枯渇ではないとすれば、それは筋細胞の内部環境の変化によって、運動神経から筋細胞全体への刺激伝達が阻害されるためだと考えられます。通常、神経細胞が接続している部位から筋細胞全体に刺激が伝わりますが、この伝達がうまく機能しなくなることで、筋細胞が完全に収縮できなくなるのです。

詳しく説明すると、筋肉に刺激を伝えるたびに、筋細胞内のカリウムが筋細胞外へ移動し、逆にナトリウムが筋細胞内に流入します。刺激を伝達し終えるとすぐに、

筋細胞内において筋疲労を起こす可能性のある場所

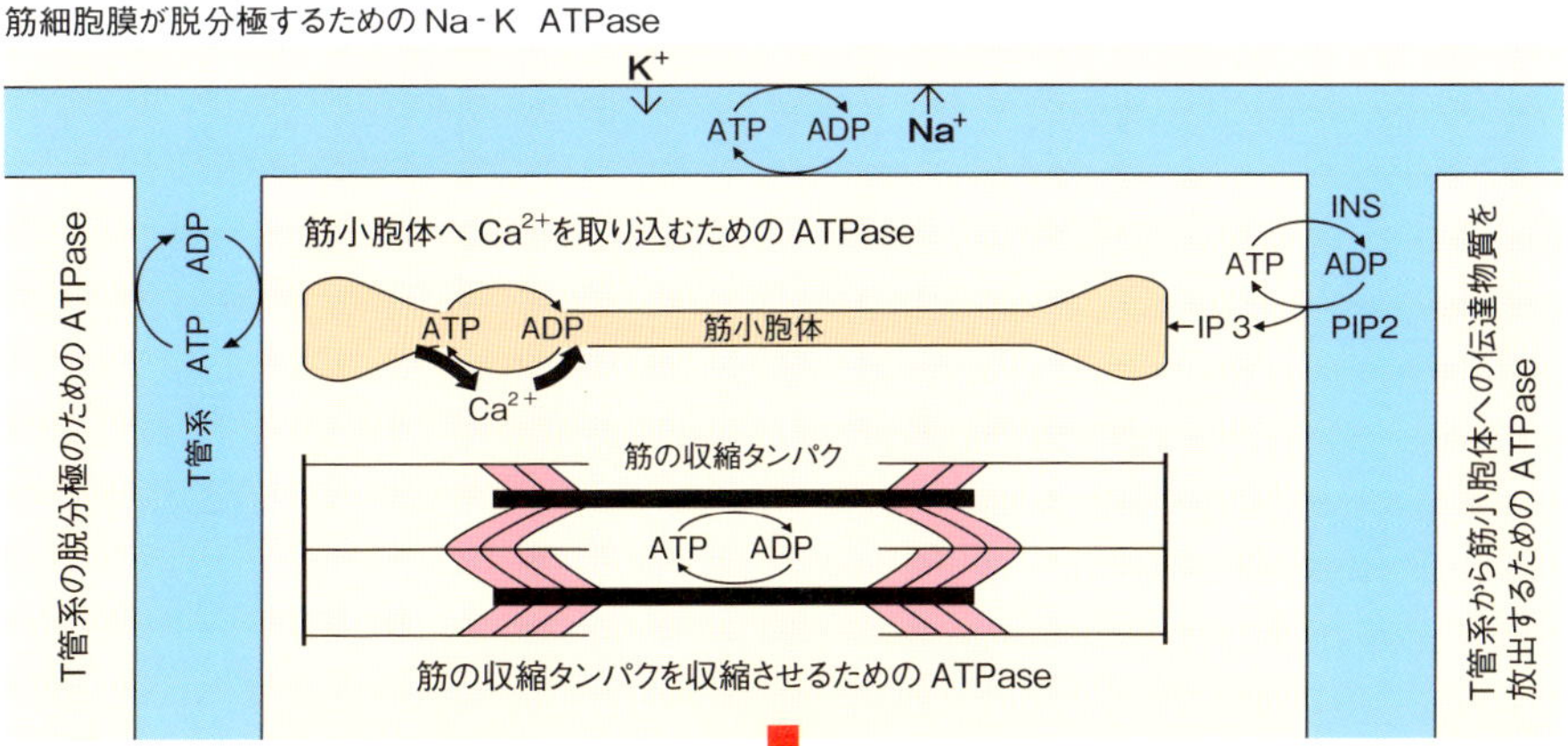

ハイパワーの運動ではエネルギー基質は枯渇しない。乳酸濃度は最高値に達しない

⇒疲労は内部環境の変化による運動神経から筋細胞への刺激の伝達不全によって起こる

Na-K ATPase（ナトリウム-カリウムATPエースと呼ぶ）という酵素が働き、筋細胞内のナトリウム（Na^+）を筋細胞外へ、筋細胞外のカリウム（K^+）を筋細胞内へ戻します（まるでナトリウム、カリウム専用のポンプのようです）。

しかし、ハイパワーの運動のように、運動神経からの刺激が間断なく送られると、Na-K ATPaseのポンプ機能が追いつかなくなります。その結果、筋細胞内のカリウム濃度が低下し、ナトリウム濃度が上昇します。筋細胞の内部環境がこのような状態では、次の運動神経からの刺激が筋細胞膜に到達しても、必要な刺激を伝達できず、最終的に疲労困憊に至るのです。

ミドルパワーの運動の疲労

筋中の乳酸濃度が最高値まで蓄積し筋が酸性化する

運動時間が1分以上10分未満のミドルパワーの運動でも活動筋のグリコーゲンは枯渇しません。したがって、このような運動においてもグリコーゲンローディングは必要ではありません。では、何が原因で疲労してしまうのでしょうか。ミドルパワーの運動では、最大酸素借（⇒116ページ）が観察されることから、筋中のクレアチンリン酸が枯渇し、筋中の乳酸濃度が最高値（>30 mmol/kg 筋湿重量）まで上昇します。

乳酸が多量に産生される過程で作られる水素イオンなどの作用により、筋肉のpHバランスが酸性に傾きます。ミドルパワーの運動の場合、筋細胞内の酸性度がpH 6.6程度まで低下し、それにより筋収縮が停止し疲労困憊に至ります。つまり、ミドルパワーの運動では、乳酸により筋が酸性化することが疲労の原因です。

また、このような運動ではクレアチンリン酸がなくなってしまい、クレアチンリン酸からのATP合成ができなくなって運動が止まってしまいます（運動できなくなってしまう）。

前述したように、乳酸イコールエネルギー産生です。したがって、例えば中距離走などをイメージしていただければいいと思いますが、ペース配分を考えた場合、各アスリートが持っている無酸素性エネルギー量、すなわち最大酸素借を、ちょうど使い切ってゴールインするのが、試合中の無酸素生成エネルギーを余すことなく使い切る最適なペース配分と考えられます。ゴール前に最大酸素借を使い切ってしまうと、ゴールする前に疲労困憊になり、筋収縮が止まって転倒してしまいます。一方、最大酸素借を使い切らずにゴールインすることは、各アスリートの潜在力、あえて無酸素性体力と称しますが、これを充分に活用しないことになります。

競技時間が2分から10分程度の競技では、エネルギー源（科学的意味では正確ではありませんが、イメージとしてのエネルギー源）である乳酸を有効に活用するような最適なペース配分を行うべきです。

ローパワーの運動の疲労①

糖質、特にグリコーゲンが枯渇することで起こる

ローパワーの運動においては、有酸素性エネルギーの原料として糖質（筋中のグリコーゲンと血糖）および脂質（脂肪細胞から放出された遊離脂肪酸と筋中の中性脂肪）が使われます。

脂質は体脂肪を含め多量にあるので、一般にはその量

ローパワーの運動による筋グリコーゲン濃度の低下

出典：Saltin, B. and Karlsson, J. 1971.

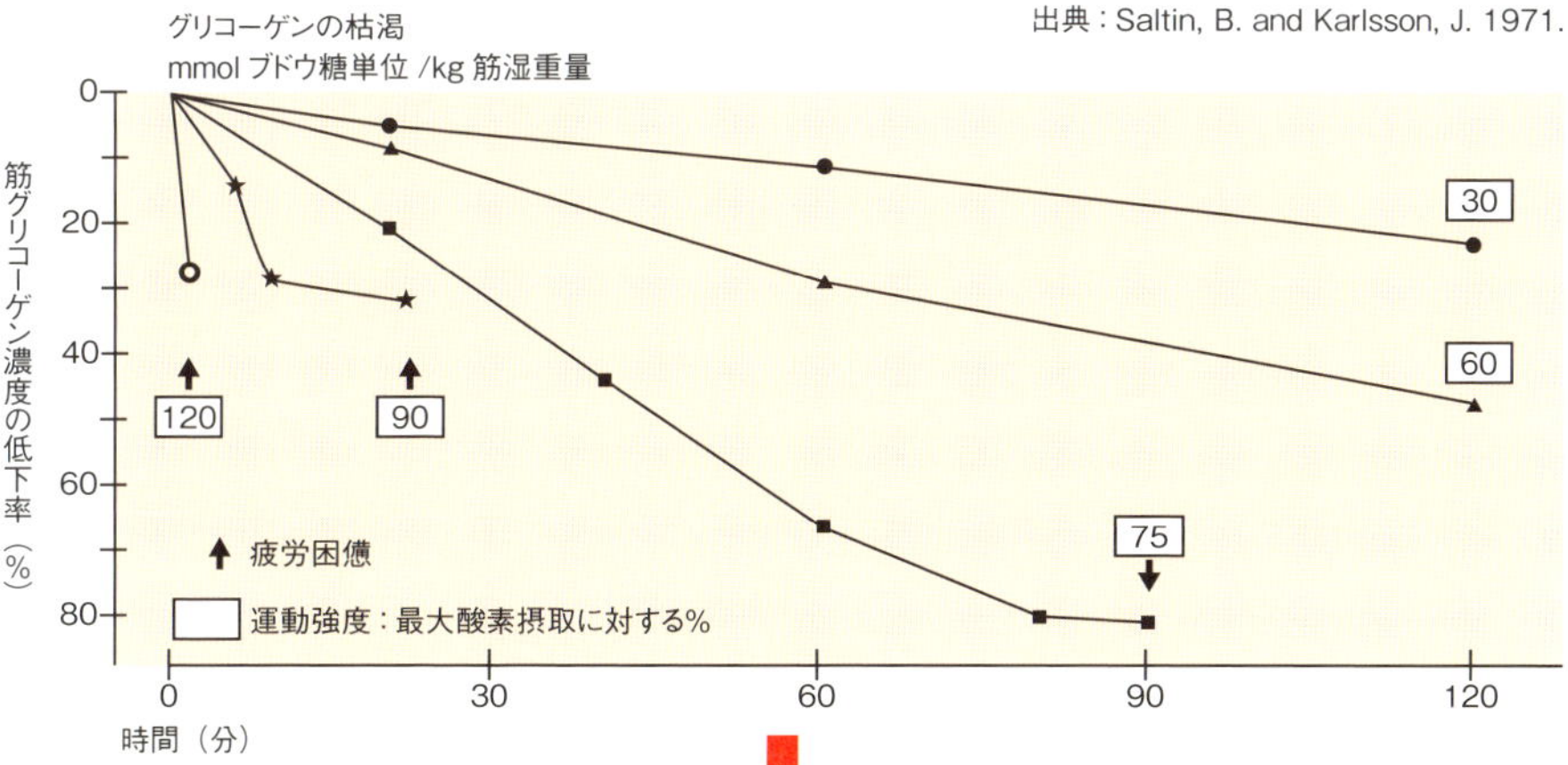

**ローパワーの運動（1時間程度で疲労困憊）では
グリコーゲン濃度が低下する
⇒疲労は糖質の枯渇、
特にグリコーゲンの枯渇によって起こる**

が疲労の要因となることはありません。

一方、糖質は、グリコーゲンという形で体内の肝臓と筋肉に貯えることができますが、その量には限りがあります。活動筋のグリコーゲンや血糖になる肝グリコーゲンの量は合計で300～400g程度しかありません。また、運動時には、最大酸素摂取量の50%程度の低い強度の運動でも1分当たり1g程度のブドウ糖を消費します。つまり、運動を継続すると血糖も徐々に低下していきます。したがって、ローパワーの運動では、糖質（筋中のグリコーゲンと血糖）が枯渇することによって、運動が停止する可能性があります。

上の図に示すように、最大酸素摂取量の70%程度の強度の運動で最も筋グリコーゲン濃度が低下します。ヒトの筋グリコーゲン濃度は通常80mmolブドウ糖単位/kg筋湿重量程度です。したがって、運動時間が1時間から2時間程度のような運動では、枯渇する可能性があるため、運動中に疲労が到来しないように、事前にグリコーゲンローディングを行い、筋グリコーゲン濃度をより高くしておくことが大切です。

２時間程度で疲労困憊に至るローパワー運動中の血糖値の変化

（田畑泉、1994）

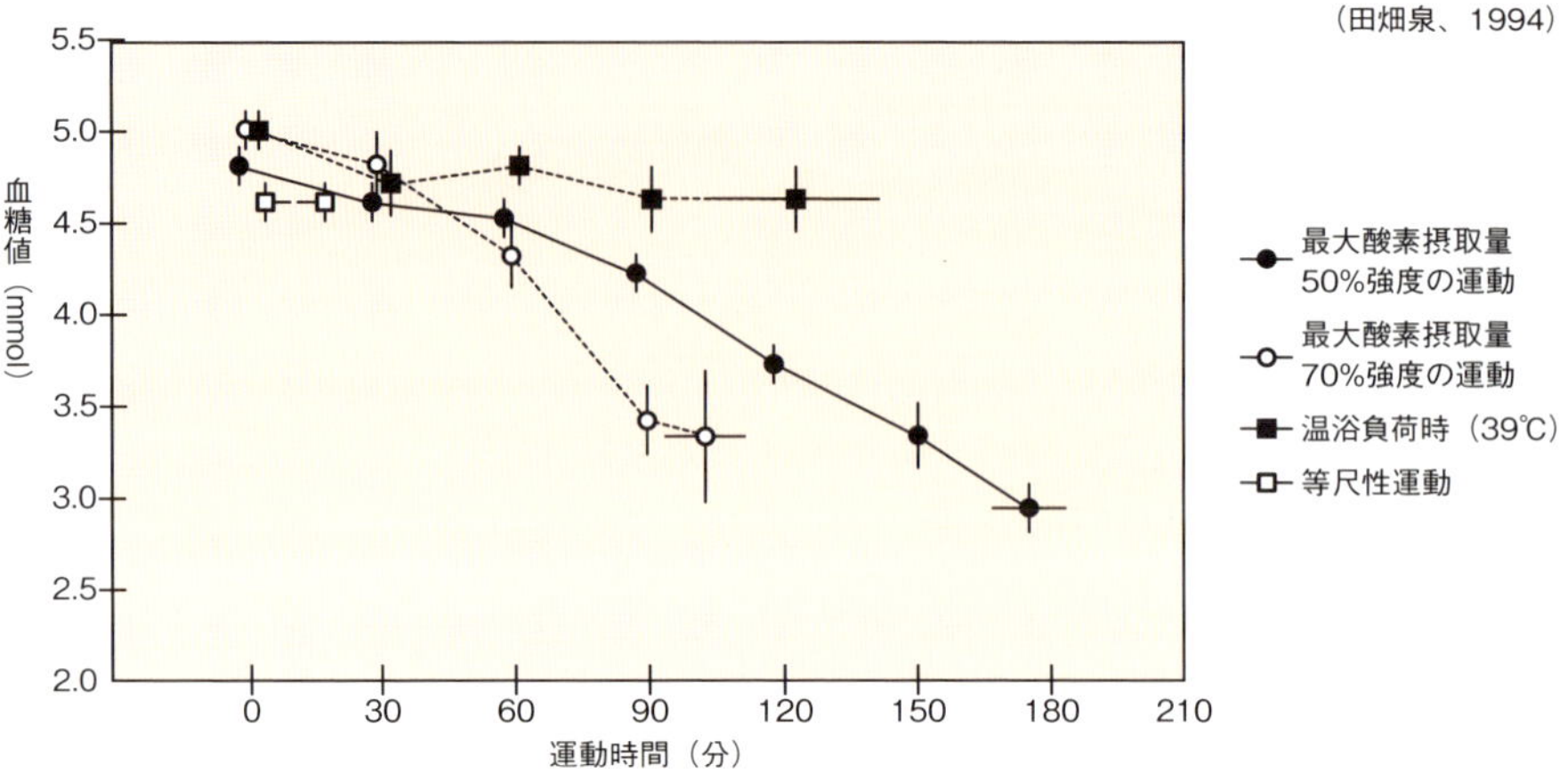

ローパワーの運動（２時間程度で疲労困憊）では
グリコーゲン濃度は低下しない
⇒疲労は糖質、特に血糖の低下によって起こる

ローパワーの運動の疲労②

糖質、特に血糖値が低下することで起こる

ローパワーの運動であっても運動強度が最大酸素摂取量の50～60％の運動では、2時間以上行っても筋中のグリコーゲンは枯渇しません（⇒127ページの図）。疲労困憊に至ったとしても枯渇にはなりません。このような2時間程度で疲労困憊に至る運動では、一般的には筋グリコーゲンの枯渇が疲労の原因ではありません。

運動強度が最大酸素摂取量の50～60％の運動を早朝空腹時に始めると、ほかのタイプの運動と比べて血糖値が最も低下します（⇒上の図）。より高い強度である最大酸素摂取量の70％強度の運動よりも、疲労困憊時には低い値となります。したがって、このような強度の運動では、疲労の原因に血糖値が関係している可能性があります。

実際に、このような運動を疲労困憊まで行った人が、ブドウ糖の入ったドリンクを飲むと、運動を再開できることが実験で証明されています。

注目! 運動中に疲労困憊に至る原因は、運動の種類（強度・時間）によって異なる

運動の継続が困難な状態に陥ってしまう原因は、エネルギー基質であるクレアチンリン酸やグリコーゲンを使い果たしてしまった場合、乳酸が大量に蓄積して筋肉が酸性化した場合、血糖値が大きく低下してしまった場合などさまざまだ。疲労の原因を知ってパフォーマンス発揮に向けた対策を立てよう。

運動中の疲労のまとめ

ハイパワーの運動（1分以内で疲労困憊に至る運動）

運動神経の刺激が筋細胞膜に伝達できなくなって起こる。
筋グリコーゲン、クレアチンリン酸は枯渇せず、乳酸濃度も最高値にならない。
→グリコーゲンローディングは不要

ミドルパワーの運動（2～10分で疲労困憊に至る運動）

筋中の乳酸濃度上昇し筋が酸性化することで起こる。
筋グリコーゲンは枯渇しない。
→グリコーゲンローディングは不要

ローパワーの運動①（1時間程度で疲労困憊に至る運動）

糖質、特にグリコーゲンが枯渇することで起こる。
→グリコーゲンローディングが必要

ローパワーの運動②（2時間程度で疲労困憊に至る運動）

糖質、特に血糖値が低下することで起こる。
→血糖値を上げるブドウ糖飲料の摂取が必要

※運動前に多量のブドウ糖を摂取するとインスリンショックといって血糖値を下げるホルモンであるインスリンが分泌されて、逆に血糖値が下がり競技力を低下させるので、ブドウ糖飲料の摂取は一定時間（距離）ごとに少しずつ行ってください

Q55 トレーニング効果は遺伝子レベルで起こるというのは本当ですか？

A トレーニングでメッセンジャーRNAが増えタンパク質合成量が増えて効果が表れます

タンパク質の合成（転写と翻訳）

競技力の向上は、日々の運動トレーニングによって、競技成績に関係する筋肉内のタンパク質が増加することで起こります。例えば、タバタトレーニングでいえば、タバタトレーニングを実施することでミトコンドリア内にある持久力に関係の深いクエン酸合成酵素というタンパク質が筋肉中に増え、それによって、より多くの酸素を使ってエネルギーを供給することができるようになり、持久力が向上するのです。

競技力向上に関係するタンパク質を増やすには、該当するタンパク質の合成量を高めなければなりません。そのためには、各タンパク質に対応したメッセンジャーRNAを増やす必要があります。

メッセンジャーRNAは、遺伝子のDNAから、その情報を基にコピー（転写）して作成されます。このメッセンジャーRNAが運動トレーニングにより増加すると、血液によって筋細胞内に運ばれてきたアミノ酸を原料として、リボソームでメッセンジャーRNAの情報を翻訳してタンパク質の合成が行われ、タンパク質の合成量が増えます（⇒131ページ）。増えたタンパク質はゴルジ体という細胞内器官から働くべき場所に送り出されます。こうして運動トレーニングによる競技力向上効果が現実のものとなります。

注目! トレーニング刺激でメッセンジャーRNAが増加してタンパク質合成量が増える

タンパク質はメッセンジャーRNAがもたらす設計図に基づいてアミノ酸が結合することで作られる。例えばトレーニングによってミトコンドリアのタンパク質が合成されて増えるのは、トレーニング刺激によってミトコンドリアのタンパク質のアミノ酸配列の情報を持つメッセンジャーRNAが増加するためだ。

メッセンジャーRNAからタンパク質が合成される仕組み

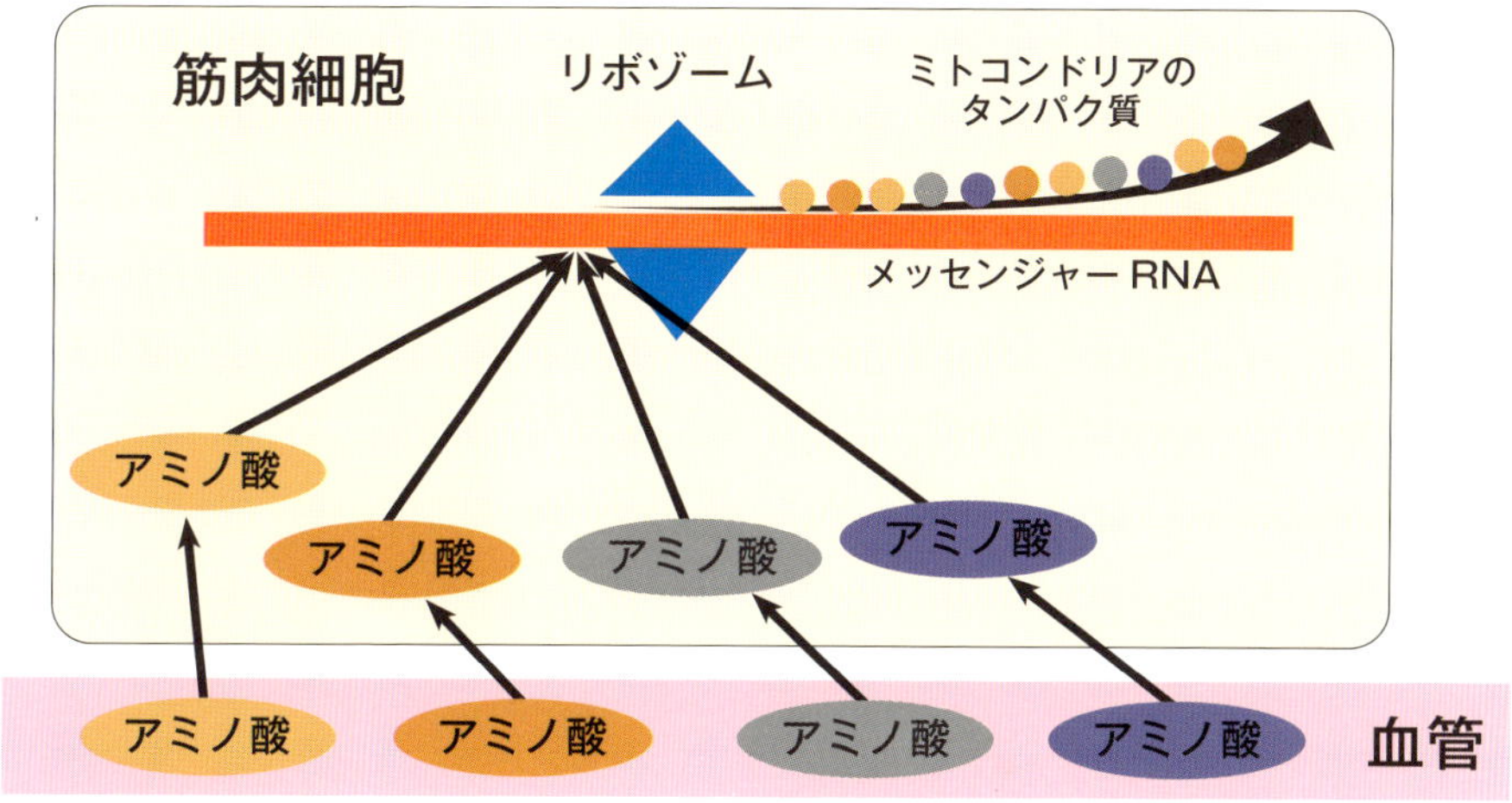

知ってる?

タバタトレーニング後の食事摂取の重要性

トレーニングによって生じる多くの生理学的適応は、主に酸化系酵素や生理学機能を持つタンパク質の発現量の増加によってもたらされる。タンパク質発現量の増加にはメッセンジャーRNAの転写と翻訳が必要で、少なくとも数時間かかる。タンパク質の発現量を増加させるシグナル（AMPKやCaMKの活性）は運動終了後、速やかに運動前の値に戻る。ところが、トレーニングによって増えるタンパク質の発現量は、運動後から徐々に増加する。これは運動の刺激を覚えている分子が存在し、その分子の働きでタンパク質を発現させているからだ。筆者らは、その分子がPGC-1αであることを初めて明らかにした。PGC-1αは運動後数時間で増加し、24時間以上筋中で高い値を保つ（⇒137ページ）。この観点から、タバタトレーニングをはじめとするタンパク質の合成が高まる高強度・短時間トレーニング後に、適切な食事を取ることは、タンパク質の原料であるアミノ酸等を供給し、トレーニング効果を最大化するために重要なのだ。

Q56 トレーニングでメッセンジャーRNAの合成が増えるのはなぜですか？

A PGC-1αというメッセンジャーRNAの合成を促す因子が増加するからです。

タンパク質合成のマスターキー「PGC-1α」

DNAの遺伝情報はアデニン、グアニン、シトシン、チミン、ウラシルという6種類の核酸が鎖のようにつながる形で構成されています。メッセンジャーRNAはこのDNAの配列に対応して、核酸を鎖のようにつなげてコピーするように作られます（転写）。

DNAからメッセンジャーRNAに遺伝情報を転写する際には、転写を促進する「転写活性化因子」と実際に転写を行う「基本転写因子」群の働きが必要ですが、ともにDNAにくっついていても転写は起こらず、メッセンジャーRNAは増えません。

転写活性化因子は各タンパク質に特異的（各タンパク質ごとに異なる）であるため、転写が進むためには転写活性化因子に適合した「転写活性化補助因子」が必要です。運動トレーニングの刺激で増加するPGC-1αはトレーニングで増える多くのタンパク質に共通する転写活性化補助因子です。PGC-1αが増加すると多くの転写活性化因子が転写因子群とつながり、より多くのタンパク質のメッセンジャーRNAの合成が始まり、その量が増えます。そして翻訳を経て、競技力向上に関係の深いタンパク質の合成を促します。つまりPGC-1αが増加すると、トレーニング効果をもたらす多くのタンパク質を同時に増やすことができるわけです。

注目! タンパク質はPGC-1αという指揮者が指揮棒を振り下ろした瞬間に増える！

PGC-1αはトレーニングによって増える多くのタンパク質に共通する転写活性化補助因子。PGC-1αが増加すると、まるでオーケストラの指揮者が指揮棒を振り下ろすと同時に多くの演奏者が演奏を始めるように、トレーニング効果に関係するタンパク質の転写が活発となり、多くのタンパク質が同時に増えるのだ。

※ PGC-1α= peroxisome proliferator-activated receptor γ coactivator-1 α

メッセンジャーRNAの合成（転写）と転写活性化補助因子の関係

●転写活性化補助因子なし

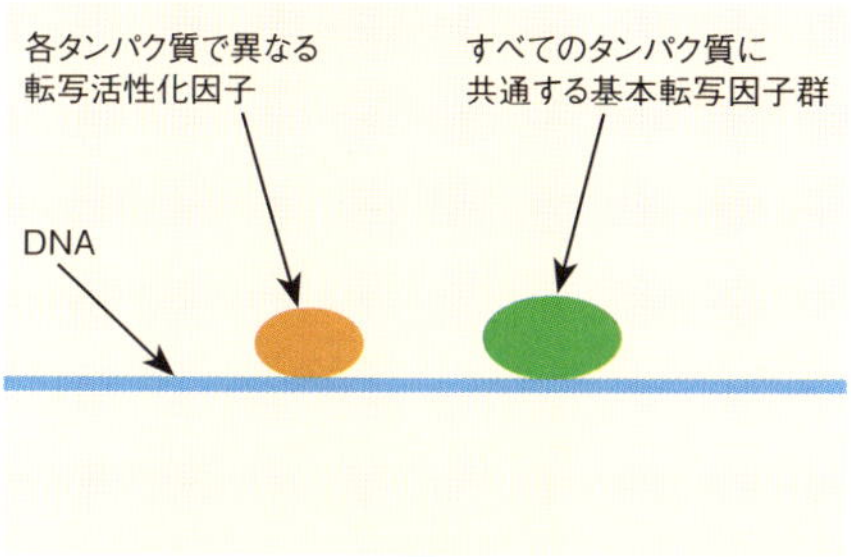

DNA上に転写活性化因子と転写因子群はあるが、転写活性化補助因子がない
⇒転写は起こらず、メッセンジャーRNAは合成されない

●転写活性化補助因子あり

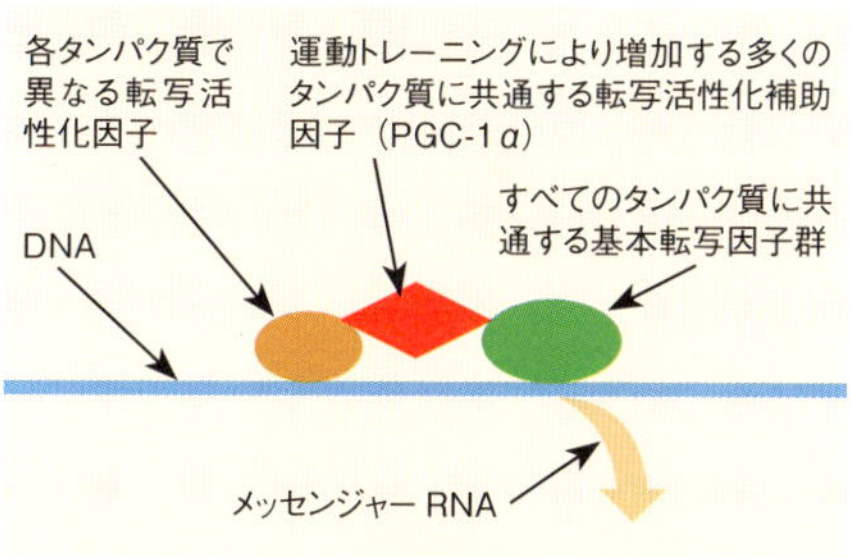

DNA上に転写活性化因子と転写因子群ともに、転写活性化補助因子がある
⇒転写活性（活動）が増加し、メッセンジャーRNAが合成される

知ってる?
20種類のアミノ酸をつなげてタンパク質に合成！

タンパク質は20種類のアミノ酸でできている。各アミノ酸は、GAAやCAGのように連続する3塩基（3文字）で1セットのDNA配列で暗号化され、タンパク質は、このそれぞれ異なるDNAの塩基配列を基に、「転写」と「翻訳」という過程を経てアミノ酸をつなげて作られているのだ。

転写	DNAの中の必要な遺伝子の塩基配列をメッセンジャーRNAへコピーすること。転写は細胞核内で行われる。
翻訳	メッセンジャーRNAへコピーされた塩基配列をアミノ酸配列へ変換して、リボソームでアミノ酸を順番につなげてタンパク質を合成すること。

Q57 PGC-1αはどうしてトレーニングで増えるのですか?

A カルシウムイオン、クレアチンリン酸、リン酸の濃度変化が関係しています

AMPK、CaMKの酵素活性の上昇との関係

PGC-1αはトレーニングにより増加する多くのタンパク質の増加を促進させます。PGC-1αはトレーニングによって増加するのですが、それは、トレーニング(筋活動)を行うことによって起こる筋中のカルシウムイオンの増加とクレアチンリン酸の低下、ATP濃度の低下とAMP濃度の上昇がきっかけとなっています。

これらの筋中濃度の変化が、CaMKとAMPKの酵素活性を上昇させ、PGC-1αのメッセンジャーRNAが増えてPGC-1αを増加させるのです。

CaMKもAMPKも運動強度に比例して活性が上昇します。走る場合は走速度が速いほうが、自転車エルゴメータ運動では重りの重さが重い運動のほうが、PGC-1αをより増加させるのです。

一般的にはスプリントのような短時間・高強度運動では持久力は改善されないと信じられてきましたが、こうした生化学的事実から、タバタトレーニングのような高強度の運動であってもPGC-1αの働きにより、ミトコンドリアのクエン酸合成酵素が増加し、持久力が改善することが明らかになったのです。

タバタトレーニングが持久力を改善するのは〝科学的に当然〟の結果なのです。

※ AMPK = 5'adenosine monophosphate-activated protein kinase、CaMK = calmodulin-dependent protein kinase

注目! タバタトレーニングによる持久力の向上は PGC-1αなどの分子生物学的に説明可能！

タバタトレーニングによって持久力が向上する理由は、下記のチャートに示す通り、分子生物学的に説明可能だ。トレーニング刺激によるCaMK、AMPKの酵素活性の上昇からはじまり、PGC-1αの増加、ミトコンドリアのタンパク質のメッセンジャーRNAの転写と翻訳、タンパク質の増加という流れを知ろう。

タバタトレーニングによる持久力向上の分子生物学的チャート

タバタトレーニングによる運動刺激

↓

AMPK、CaMKの酵素活性上昇

↓

PGC-1αのメッセンジャーRNAの増加

↓

PGC-1αの増加

↓

ミトコンドリアのタンパク質のメッセンジャーRNA転写を促進

↓

ミトコンドリアのタンパク質のメッセンジャーRNAが増加

↓

ミトコンドリアのタンパク質の合成促進（クエン酸合成酵素の増加、GLUT4の増加など）

↓

タンパク質の持つ生理学的作用が発現

↓

持久力向上！

Q58 PGC-1α増加による持久力向上効果を持続させるコツは？

A タバタトレーニングでは週2回でも持久力向上の効果があります

PGC-1αから考えるタバタトレーニングの頻度

タバタトレーニングの運動時間は4分ですが、運動後数時間からしばらくの間、PGC-1αは高い濃度を保ちます。PGC-1αは1回の運動トレーニングにより18～24時間高値を保ち、競技力を高める酵素を含む多くのタンパク質の量を増加させるよう長い間、働くのです。

トレーニング刺激で一度高くなったPGC-1α濃度も徐々に低下していきます。週1回のトレーニングでは、次の運動を始める7日後には元に戻ります。PGC-1αにより増加した競技力と関係の深い筋肉のタンパク質も元に戻ってしまうので、週1回のトレーニングでは効果はみられません。

通常の持久性トレーニングでは、エネルギー産生工場であるミトコンドリアの機能に関係するタンパク質であるクエン酸合成酵素の活性は、トレーニング終了後3日後には低下してしまいます。

一方、タバタトレーニングでは、週2日でも持久力の向上に効果があります。言い換えるとトレーニング終了後3～4日経っても、トレーニング効果が持続します。この結果は、一般的な長時間・低強度の持久性トレーニングよりも、短時間・高強度の運動であるタバタトレーニングのほうが、PGC-1αへの影響が大きいことが理由として挙げられます。

注目! PGC-1αはタバタトレーニングの運動刺激を覚えていて、24時間以上にわたりトレーニング効果をもたらす

PGC-1αはタバタトレーニングの運動刺激を覚えていて、トレーニング後丸1日にわたって、持久力に関係する機能を持つ多くのタンパク質を増加させる。したがってトレーニング後にタンパク質の原料であるアミノ酸を含む食事を取ることは、トレーニング効果を手助けすることになるのだ。

タバタトレーニング後のPGC-1α濃度の変化

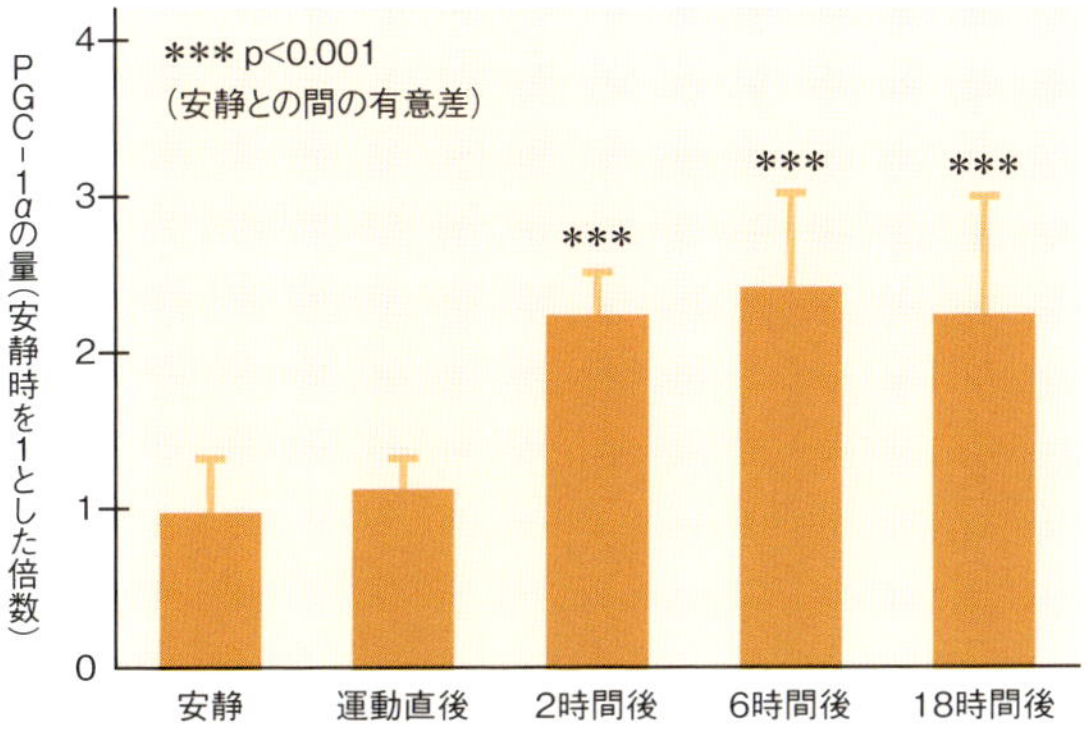

PGC-1αはトレーニング後24時間、高い値を保つ
⇒たった4分の運動を24時間以上覚えている

出典：Terada S, Kawanaka K, Goto M, Shimokawa T, and Tabata I. Effects of high-intensity intermittent swimming on PGC-1 α protein expression in rat skeletal muscle. Acta Physiol Scand 184:59-65, 2005.

週3回のトレーニング刺激とトレーニング効果

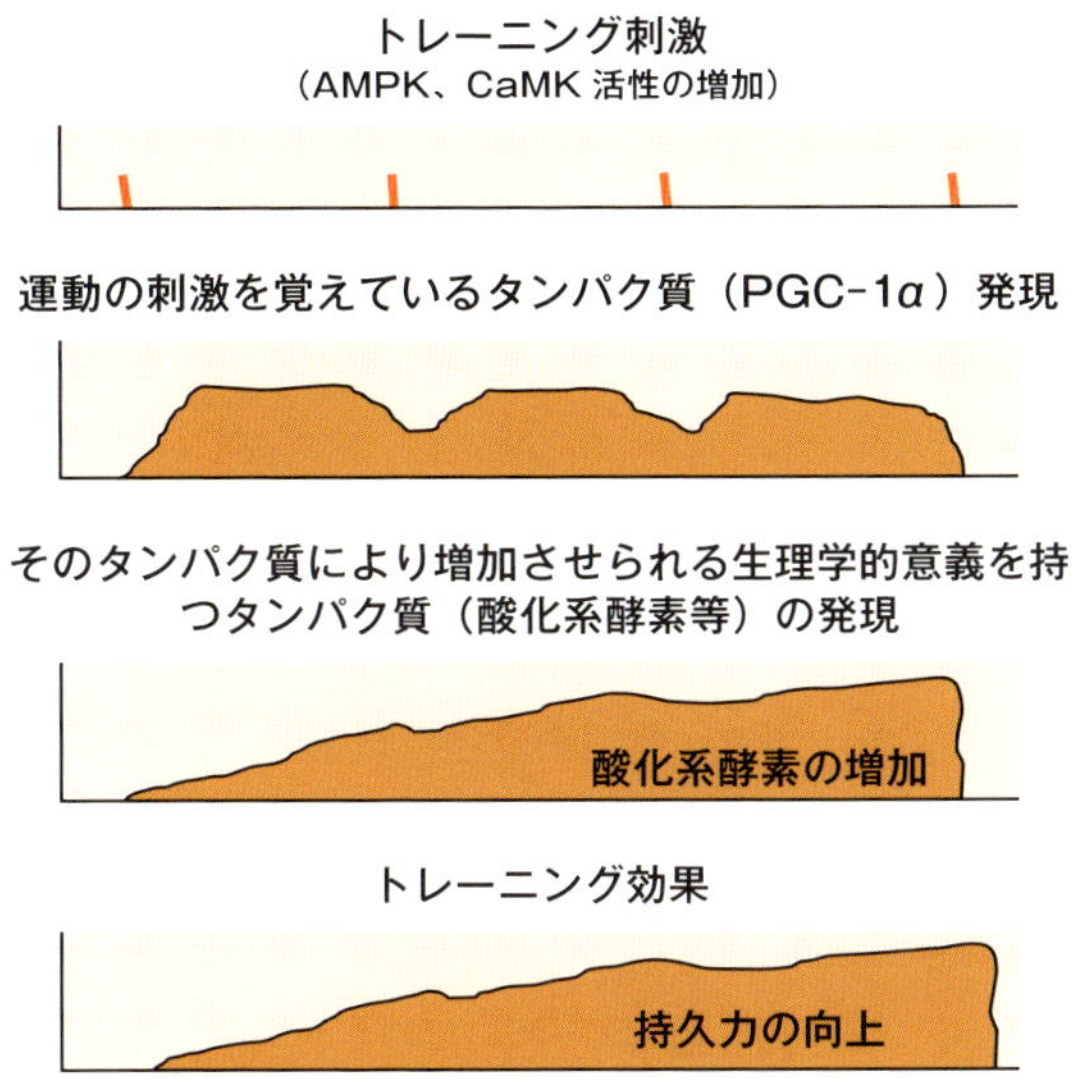

1回1回のトレーニングを覚えているタンパク質(PGC-1α)が常時高い値となる
⇒酸化系酵素の増加を促している状態

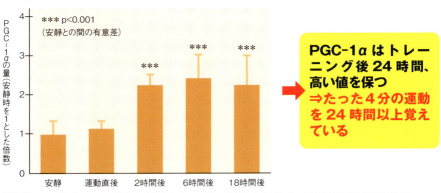

Q59 トレーニングを中断すると生理学的にはどんな影響がありますか？

A 活動筋の酸化系酵素活性はディトレーニングで急速に低下します

トレーニング効果を持続させるコツ

トレーニングを中断したりやめたりしてしまうことを、ディトレーニング(detraining)といいます。ディトレーニングを行うと、それまでのトレーニングによって獲得された生理学的効果が元に戻ります。その影響は各組織によって異なり、有酸素性トレーニング実施後の場合には、2〜4週間程度であれば、最大酸素摂取量の低下はみられません。一方、活動筋の酸化系酵素活性（ミトコンドリアの量）は急激に低下してしまいます（⇒139ページ。Henriksson & Reitman, 1977）。

この現象は、試合期におけるテーパリング（tapering）のやり方に関係してきます。試合に向けて身体の疲労をとり、身体器官を最適化することは、競技力向上に欠かせません。しかし、あまり長い間トレーニング量を減らしてしまうと、それまでの厳しいトレーニングで得た体力を失ってしまい、レースや試合で活用できません。

一般的には、最大酸素摂取量が低下しない2週間程度のテーパリングが行われています。しかし、その間に高強度のトレーニングを全くやらないと、持久力に影響を与える酸化系酵素（ミトコンドリア）の量が減少してしまいます。その減少をくいとめるには、短時間の中等度強度の運動や、疲労困憊に至らないような高強度の運動が有効と考えられます。

注目! テーパリング期にもタバタトレーニングをセット数を減らしてでも実施しよう

トレーニングを中断すると酸化系酵素の活性が急速に減少する。そのため、トレーニングで高めた持久力を維持するためには、テーパリング期にも高強度のトレーニングを続けたほうがいい。タバタトレーニングであれば、通常よりセット数を減らして4～5セットで実施するとよいだろう。

トレーニングの実施と中止による最大酸素摂取量と酸化系酵素活性の変化

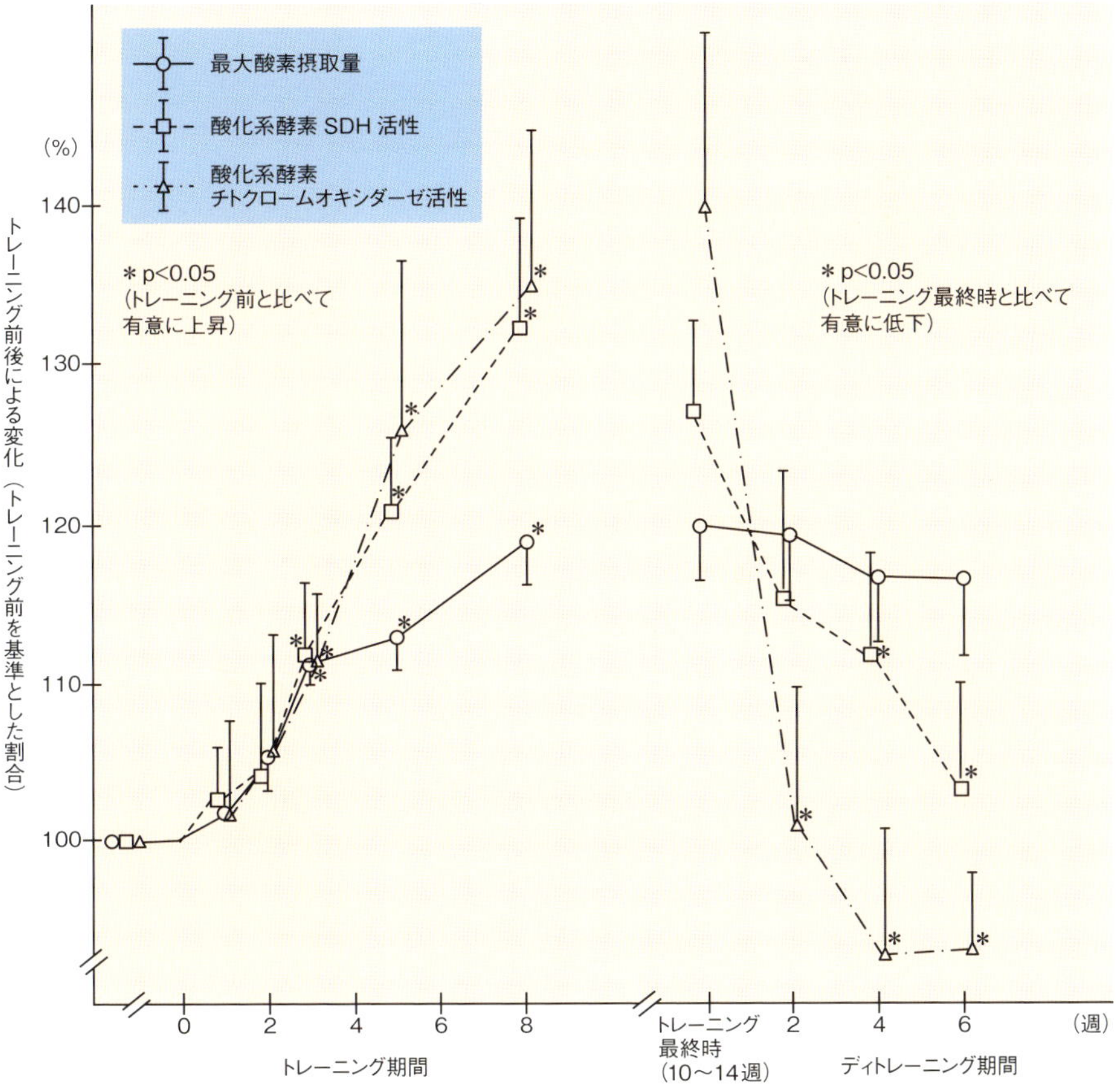

出典：Henriksson & Reitman, 1977.

トレーニングを中断すると、活動筋の酸化系酵素活性が低下する
⇒テーパリング期にも高強度トレーニングは必要

Q60 最大酸素摂取量が高いと健康上どんなメリットがありますか？

A 糖尿病や心血管系の病気になるリスクが低いことがわかっています。

最大酸素摂取量を上げることの健康上のメリット

最大酸素摂取量の値が高いほど糖尿病や心血管系の病気になる危険性が低いことが明らかとなっています。

最大酸素摂取量と糖尿病発症リスクとの関係をみてみましょう（⇒141ページ）。発症リスクは最大酸素摂取量の最も低い群の発症率を1としたときの相対的危険度を示しています。最大酸素摂取量が下から3番目のやや高い人の群は、発症率が0・63です。発症率0・63、言い換えると最大酸素摂取量が最も低い人より37％糖尿病発症リスクが低いということです。最大酸素摂取量が最も高い群の人は、発症率が0・56です。つまり最大酸素摂取量が最も低い人より44％糖尿病になりにくいということです。身体活動量等で補正した結果ですので、最大酸素摂取量の差による糖尿病発症リスクの差を示しています。

では最大酸素摂取量は高ければ高いほど良いのでしょうか。スポーツ選手の場合、最大酸素摂取量が高ければ高いほど競技力が向上しますので、最大酸素摂取量は高いほど良いということになります。一方、糖尿病を含む生活習慣病を予防するための場合、最大酸素摂取量は各年代男女とも平均値程度です。このように、スポーツに関連する体力としての最大酸素摂取量と、健康に関する体力としての最大酸素摂取量には違いがあります。

注目! 今より少しでも最大酸素摂取量が高まれば、生活習慣病の発症リスクは下がる

全身持久力の指標である最大酸素摂取量は、生活習慣病などの発症リスクや死亡率との関係が深い。現状よりも少しでも最大酸素摂取量を高めることができれば、健康上、大きなメリットを得ることが期待できる。身体活動や運動を通して全身持久力を高め、健康に生活できる健康寿命を延ばそう。

最大酸素摂取量と糖尿病発症リスクの関係

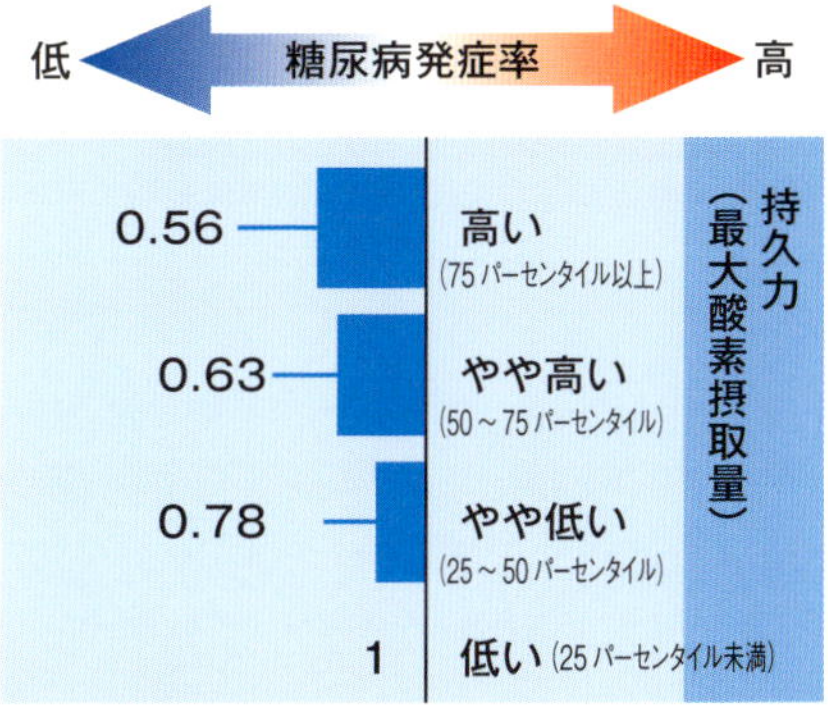

出典：Sawada SS, Lee IM, Muto T, Matuszaki K, Blair SN. Cardiorespiratory fitness and the incidence of type 2 diabetes: prospective study of Japanese men. Diabetes Care. 2003 Oct;26(10):2918-2922)

健康づくりのための全身持久力の基準値

	男性(メッツ)	女性(メッツ)
20代	12.5	9.5
30代	11.0	8.5
40代	10.0	7.5
50代	9.0	7.0
60代	8.0	6.5
70代	7.5	6.0

※メッツの値を3.5倍にすると最高酸素摂取量(ml/kg/min)の基準値に換算できる
出典：厚生労働省．健康づくりのための身体活動・運動ガイド2023, 2023.

知ってる?

最大酸素摂取量の男女差と加齢変化

最大酸素摂取量には男女差があり、一般に男性のほうが女性よりも高い。もちろんトレーニングの影響も大きいので、一般男性よりもトレーニングを積んでいる女子マラソン選手の最大酸素摂取量はかなり高いことが知られている。そのほか最大酸素摂取量は遺伝的影響や生活習慣の影響も受ける。

また、最大酸素摂取量は加齢により低下する。加齢による最大酸素摂取量の低下は、高齢期における作業能を低下させる。高齢期における生活の質を維持するには、最大酸素摂取量の維持が肝要である。

もちろん、トレーニングを積んでいる中高年者の方の最大酸素摂取量は、一般若年男性より高いこともわかっている。また、トレーニングを行っていない方でも、性・年代において日常生活における身体活動量(メッツ時/日：身体活動の強度と時間を組み合わせた指数)と最大酸素摂取量には深い関係があり、活動的な中高年者は最大酸素摂取量が高いことが知られている。

TOPIC

タバタトレーニングを導入して男子陸上長距離選手の疲労骨折を防ぐ

最近の私たちの調査により、中学生から社会人まで多くの男子陸上長距離選手が疲労骨折を起こしていることが明らかになりました（濵野ら、2022）。

これまでにも多くの女子陸上長距離選手で疲労骨折が報告されています。体脂肪量（率）が著しく低い女子陸上長距離選手では、〝骨を守る役割を持つ女性ホルモン〟の血液中の濃度が低いことが疲労骨折の原因であると考えられています。

女性ホルモンと関係のない男子陸上長距離選手では、疲労骨折の重要な要因の１つとして、中等度の強度（グループ走など）の運動を実施するときに血中で増加する副甲状腺ホルモンが最近注目されています。中等度の強度の運動を長時間行い血中のカルシウム濃度が低下すると、元に戻すために副甲状腺ホルモンが分泌され、骨を分解してカルシウムを血液中に補充します。したがって長い距離を走ることは、骨に悪い影響を与えると考えられます。

一方、タバタトレーニングでは逆に血中カルシウム濃度が上昇し、副甲状腺ホルモン濃度が低下します（Hamano ら、2021）。つまりタバタトレーニングは骨に対して優しいトレーニングです。

我が国の若年陸上長距離選手の走距離や疲労骨折発症率は、欧米に比べて著しく高いことが知られています。タバタトレーニングは、中等度の強度の運動と同等あるいはそれ以上に最大酸素摂取量や最大酸素借を増加させることがわかっています。骨に優しいタバタトレーニングをはじめとする高強度の運動をより多く導入して体力の向上を図り、従来よりも中等度の強度の走運動を減らすことが、陸上長距離選手の疲労骨折を防止するためには必要です。

出 典：Hamano J, Shimizu T, Tsuji K, Kohrt WM, Tabata I. Effects of an exhaustive high-intensity intermittent exercise on serum parathyroid hormone. J Phys Fitness Sports Med 10(3): 129-137, 2021.
出典：濵野純，田中綾乃，田畑泉．若年男性陸上長距離選手における疲労骨折の危険因子に関する研究ートレーニングの量と強度の観点からー．体力科学 71(4): 319-331, 2022.

中等度強度のトレーニングと副甲状腺ホルモン

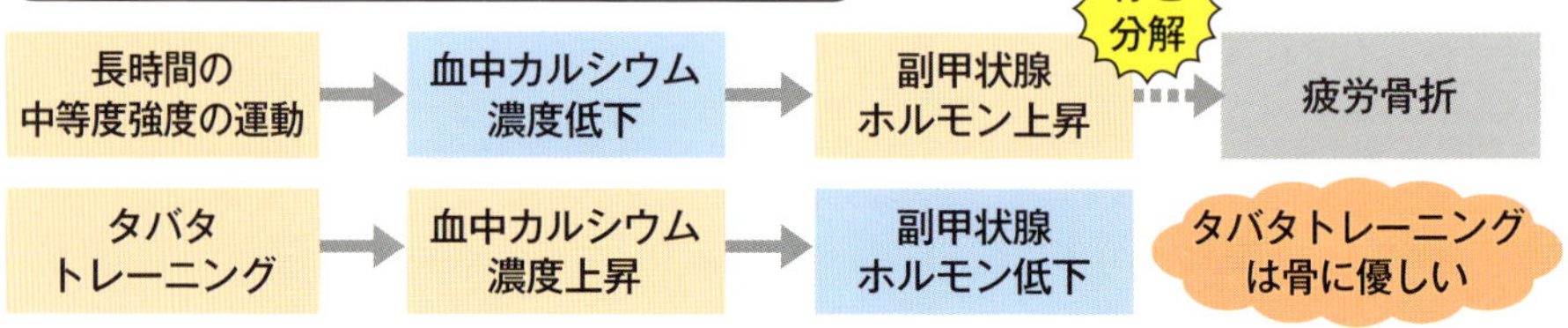

第6章

指導者が語るタバタトレーニング

トレーニングメソッドを開発した名伯楽
入澤孝一氏が語るタバタトレーニング

タバタトレーニングを紹介するうえで欠かせない人物が、入澤孝一・高崎健康福祉大学教授である。入澤氏が世界で活躍するスピードスケート選手を育成するために開発したメソッドを、田畑泉氏が分析し、論文で発表したことが、世界に知られるタバタトレーニング誕生のきっかけだ。このトレーニングの真髄を入澤氏のインタビューから学ぼう。

文武両道を目指すことでトレーニングが見つかった

――タバタトレーニングのメソッドは入澤先生が開発されたそうですが、きっかけはなんでしょうか？

入澤　大学卒業後、中学校の教員になった当時、「スポーツバカ」が問題視された時期でした。スポーツだけでなく社会的にも評価されるためには、スポーツと勉強を両立させることが絶対必要条件。しかし、ただ練習時間を少なくして、勉強時間をしっかり確保するだけでは、スケートは強くなりません。スポーツでトップクラスになってこその文武両道ですから、短時間で効果が上がるトレーニングはなんだろうかと、工夫しながら指導してたんです。

そんな中で「やる気を起こさせれば指導の80％は終わり」という話を聞き、これは絶対に正しいと直感し、いろいろなトレーニングメニューを考えては選手に与えていました。選手は素直なもので、苦しい練習は嫌な顔するし、楽しい練習はきゃーきゃー言って喜んでやる。どんなトレーニングも本気を出してやらないと強くはなりません。また、強くなるためにはある程度の負荷が必要です。苦しくてもやる気になって真剣に取り組むメニューは何かと考え続け、試行錯誤したことが、トレーニングの開発につながりました。

——具体的にはどんなメニューを考えたのでしょうか？

入澤　中学教員を6年勤めたあと、高校教員になってからですが、選手がやる気になって取り組み、選手自身も「これをやれば強くなる」と直感できるトレーニングが見つかりました。

当時のトレーニングはインターバルトレーニングが主流でしたから、運動を自転車エルゴメータに変えて、40秒間自転車をこいで1～2分休んで、また40秒こぐというトレーニングを4～6セット行っていました。スケート競技は一番短い距離の500mだと今は34秒ですが、当時は大体40秒なので、運動時間を40秒に設定したのですが、前半の1、2セットはしっかりこげてパワーを出せますが、中盤から後半になると回転数が落ちてくる。それに嫌々ながらやっていました。そのうちセット数をこなすために力を温存するようになり、そうなるとトレーニングをしても心拍数が上がりません。おそらく血中乳酸濃度も上がっていません。理論的にいいと思われるトレーニングであっても本気で取り組まないと効果は出ないため、運動時間とインターバル時間を短くしていき、20秒

入澤《いりさわ》 孝一《こういち》

高崎健康福祉大学教授・スケート部監督

1949年群馬県出身。中京大学卒業後、中学教員となりその後、群馬県の嬬恋高校に赴任。スピードスケートの指導にあたり、のちに五輪メダリストとなる黒岩彰、黒岩敏幸らを多数育成する。指導の中で、のちにタバタトレーニングと呼ばれることになる高強度・間欠的トレーニングのメソッドを開発・実践。日本代表チームのヘッドコーチを歴任。群馬県の教育委員会を経て、高校校長を定年退職後、高崎健康福祉大学にスケート部を創設。佐藤綾乃、新濱立也など、世界で活躍する選手を育て続ける。平成30年度日本スケート連盟功労賞、令和元年度公認スポーツ指導者等表彰優秀選手育成賞受賞。

こいで10秒休むというのを5セットやる、5セットだから20秒間全力で行くんだよ、という処方を出してやってみたのです。

力を温存することなく、意欲を持って本気でトレーニングに取り組む

――「20秒・10秒」はほかの設定とどの点が違いますか？

入澤　全力で20秒こいだあとの休息が10秒ですから、休息といっても心拍数は落ちないし、疲労も回復しません。運動を継続しているような状態なので、連続5、6セットやれば、ほぼ全力で2分、3分運動し続けているのと同じ負荷を身体にかけられると考えました。それにやってみると、ほかの設定のときよりもずっと生き生きとトレーニングに取り組んでいました。

セット数が進んでてくると当然苦しくなりますが、こいでいる選手の周りにみんなが集まって「行け行け」と言って応援し、盛り上がってやっている。終われば酸欠で倒れるくらいの苦しいトレーニングですが、楽しく意欲的に取り組んでいるのです。その結果、体力がグンと向上してきて、競技成績も上がって、しかもトレーニング時間が短くて済む。これは絶対にいいトレーニングだと確信したわけです。

――5、6セット、トータル数分で終わるのはいいですね。

入澤　もちろん負荷を低くすればセット数は増やせますが、高い負荷でやらないとトレーニング効果はでません。スピードスケートは一番長い1万メートルで14分、5000メートルで6〜7分、1500メートルで1分50秒くらいの競技です。箱根駅伝やマラソンのような1時間、2時間の競技とは違います。ほぼ全力でいけるトレーニングでないと、十分な負荷がかかりませんから、この設定になったのです。

海外コーチ研修先で田畑泉先生と出会う

――田畑先生との出会いについて教えてください。

入澤 私が中学高校と指導した黒岩彰さん（カルガリー・オリンピックの銅メダリスト）が、高校3年生のときにオリンピック代表に選ばれる寸前までになり、高校もインターハイで男女総合優勝を果たしたことから、日本スケート連盟のコーチとして声がかかりました。その後すぐにコーチ研修で1年間海外留学することになり、留学先で田畑先生とご一緒することになったのです。

私はノルウェーのスケート連盟の事務局に入ってナショナルチームと行動を共にし、田畑先生は運動生理学の世界的な研究者のもとで研究されていました。2人ともオスロ大学の学生寮に住んでいたので、一緒に食事をしたり情報交換をしたりしていたのです。トレーニング生理学の話になり、これまでは運動の初期は無酸素性パワーで、その次に有酸素性パ

タバタトレーニングに全力で取り組む高崎健康福祉大学スケート部の選手（2023年10月撮影）。Photo by BBM

ワーがくるという考え方が主流でしたが、田畑先生はそんなことはない、無酸素も有酸素も一緒にくるんだというような話をされていました。

科学的なお墨付きをもらって「20秒・10秒」を紹介

――全日本合宿で「20秒・10秒」をスケートの選手・指導者に紹介されたそうですね。

入澤　田畑先生はその後、ノルウェーから所属する大学に戻られて研究を続けられ、私はコーチ研修から帰国してすぐ、全日本のジュニアからシニアまでの選手強化を任されることになり、田畑先生には日本スケート連盟のスポーツ医科学のスタッフに入っていただきました。

最初ジュニアの合宿でトレーニングを紹介したのですが、集まった選手を指導されている方々は国際大会の経験がある錚々たる監督・コーチばかりです。国際大会に出ていない私が、いくら効果があると言っても信じてくれるかどうか不安で、研究者の方からお墨付きをもらって紹介すれば信じてくれるだろう思い、田畑先生に科学者の立場から、メダルを

新濱立也選手は高崎健康福祉大学４年次の 2019 年に男子 500 mで日本新記録を樹立（2025 年現在日本記録）。大学卒業後も高崎健康福祉大学所属として日本代表としてワールドカップや世界スプリントなどで活躍を続けている (Photo by Toru Hanai - International Skating Union / Getty Images)

獲得するためには最大無酸素性パワーを向上させるトレーニングが必要であること、「20秒・10秒」のトレーニングは理論的に望ましいトレーニングであることを説明していただいたうえで、このトレーニングを紹介したのです。

ジュニア合宿の数週間後、シニア合宿に入る少し前に、田畑先生からすごい結果がでたと電話がありました。実験で大学生に、20秒の高強度運動と10秒の休息を1セットとして、7〜8セットで疲労困憊に至るインターバルトレーニングを6週間やらせてみたら、酸素負債（酸素借）も酸素摂取量も最大になった。4分間で両方が最大になるトレーニングは、世界中を探してもどこにもない。これはもう世界の教科書に載る練習方法だ、と話してくれました。

——タバタトレーニング誕生の瞬間ですね。

入澤　研究者である田畑先生が一緒に悩み考えてくれたおかげで、科学的な根拠を持ってこのトレーニングを全日本のシニア合宿で紹介することができました。その後は多くの選手が実践し、スピードスケート界に定着しました。田畑先生が研究成果を海外の学術誌に発表され、それからの広まりは日本国内よりも海外のほうが早く、日本にはフィットネスとして逆輸入されましたね。

佐藤綾乃選手は高崎健康福祉大学３年次の 2018 年に平昌オリンピックの女子団体パシュートで金メダル獲得、3000m で８位入賞。2022 年北京オリンピックでは女子団体チームパシュート銀メダル、1500m で４位・マススタート８位に入賞（ANA 所属）(Photo by Toru Hanai - International Skating Union / Getty Images)

金メダリスト・清水宏保選手もタバタトレーニングを実施

——今ではエリートアスリートはもちろん、中高生が部活で、一般の方もスポーツジムで行っています。

入澤　スピードスケートで日本人初のオリンピック金メダリストになった清水宏保さんも、ジュニア合宿に参加していましたから、早くからこのトレーニングを実践していました。彼の年代くらいからは、スピードスケート界ではスタンダードなトレーニングになっていましたね。今は高崎健康福祉大学のスケート部に入部する選手は全員、高校時代にタバタトレーニングを行っています。ただ、本当に効果が出るやり方でやっていたかどうかはわかりません。トレーニング効果を求めるなら、ぜひ正しいやり方でやっていただきたいと思います。

――タバタトレーニングを導入している選手・コーチにアドバイスをいただけますか？

入澤　1人1人に負荷設定をするのですが、その負荷が適切かどうかが大切です。何セットやるか、何回転でやるのか、トレーニング期間はどのくらいなのかも重要です。例えば、週3回、6週間きっちり実施すると効果が出るのですが、2週間で終えると効果はなく、ただ苦しいトレーニングを2週間しただけになってしまいます。いずれにしても、ベースは限界を伸ばすこと、トレーニングを継続すること、その中で個人差を考慮して負荷を調整することです。

また、1年中このトレーニングをやり続けるのは大変です。指導者にはいろいろな考え方があると思いますが、うちではシーズンが終わって体力を養成する春の時期と夏のトレーニング期に取り入れ、試合期には氷上練習が中心になるため、体力が低下しないように、重要な試合に合わせて実施しています。基本的には、「トレーニングの原理原則」「正しいトレーニング処方」に沿って実施することが重要だと考えています。

田畑先生からの金言が文武両道の選手を育てる

――入澤先生にとってタバタトレーニングとはどんな存在でしょうか？

入澤　高崎健康福祉大学スケート部が目指す理念は、文武両道です。文武両道の理念を具体的な目標にすると、「社会に通用する国家資格の取得」と「毎年自己記録を更新すること、そして結果として日本を代表になること」です。このような活動を通して、武の面では、日本代表になった選手、五輪メダリストが育ち、文の面では、大学院に進み博士号を取得した卒業生、国家資格を取得して社会人として活躍している卒業生が育ってきました。このような活動のベースになっている考え方が、田畑先生からの教えです。私は「田畑先生からの名言（金言）」と呼んでいます。

田畑先生からの名言（金言）

「トレーニングの精選により、指導者は選手に自由な時間をプレゼントできる。自由な時間は選手の自主性と自己管理能力を育てる」

この金言を実践する中で、高崎健康福祉大学スケート部の文武両道が達成されていると考えています。タバタトレーニングは、トレーニング内容を精選した結果生まれたトレーニング処方、トレーニング内容だと考えています。

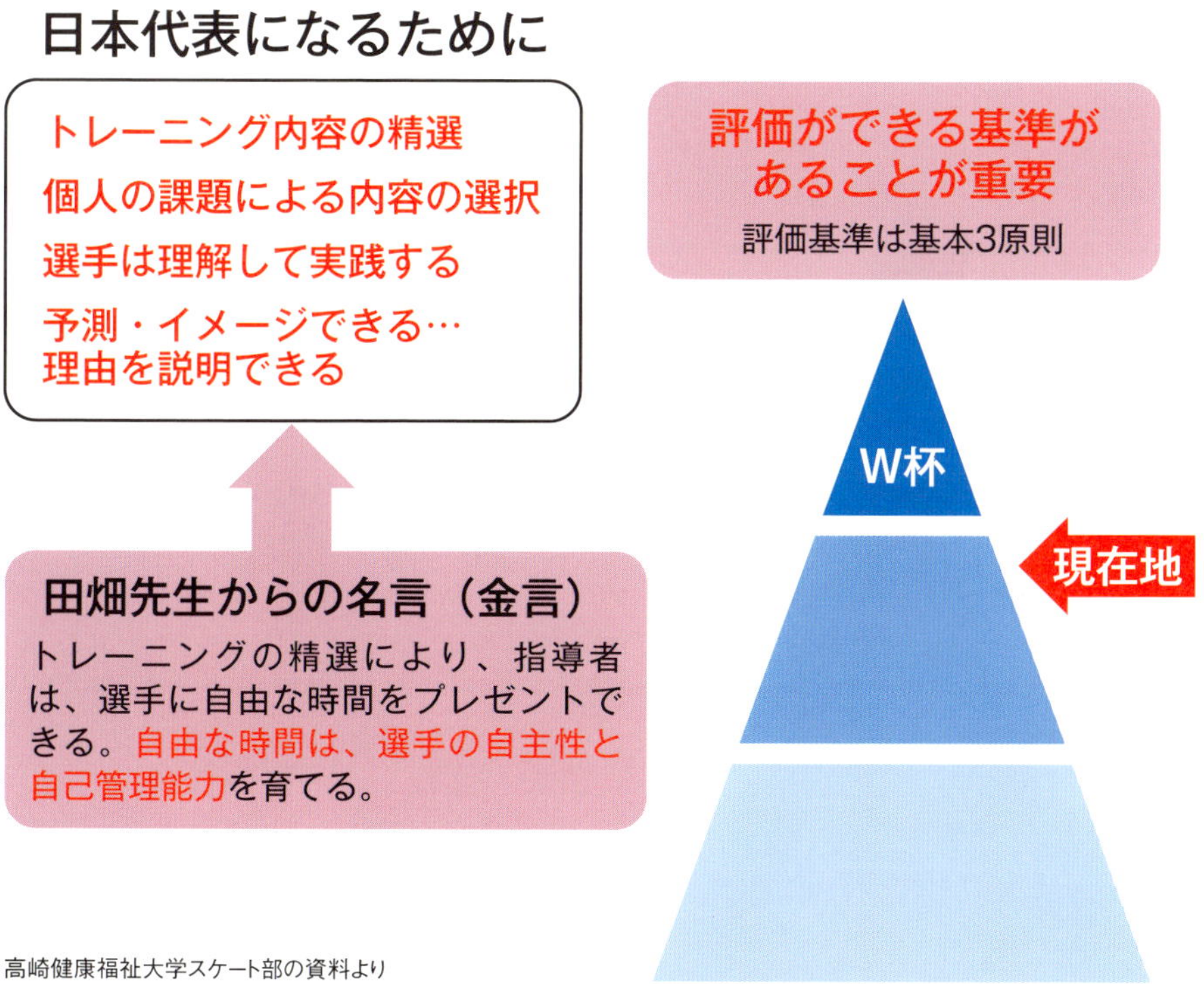
日本代表になるために
トレーニング内容の精選
個人の課題による内容の選択
選手は理解して実践する
予測・イメージできる…
理由を説明できる
評価ができる基準があることが重要
評価基準は基本3原則
W杯
現在地
田畑先生からの名言（金言）
トレーニングの精選により、指導者は、選手に自由な時間をプレゼントできる。自由な時間は、選手の自主性と自己管理能力を育てる。

高崎健康福祉大学スケート部の資料より

筋肉博士・バズーカ岡田こと岡田隆氏が語るタバタトレーニング

筋トレの社会実装を使命に、テレビ番組やYouTubeなどのメディア、書籍や講演など、幅広く活動している岡田隆・日本体育大学教授。タバタトレーニングがまだ世界で広く知られる前からアスリートに指導し、体力向上・競技力向上に大きく貢献されている。筋肉博士であり実践指導者でもある岡田氏がタバタトレーニングについて語る。

強烈なエビデンス、「これは強くなる！」

——田畑先生との出会いをお話しいただけますか。

岡田　田畑先生との出会いは、私が日体大大学院の修士課程1年のときです。当時田畑先生は国立健康・栄養研究所の研究員でいらっしゃって、非常勤講師として大学院の「運動生化学特論」という半期の授業を週1回担当されており、私はその授業を履修していたのです。田畑先生がその科目を担当されたのは1、2年間だけだったようですし、普通は修士課程には大学卒業後すぐに進む学生が多いのですが、私は、卒業後1年あけてからの進学だったので、本当に奇跡的なタイミングでした。

——授業を受けていたく感動されたそうですね。

岡田　2000年の頃で、当時タバタトレーニングはまだ有名ではなかったのですが、田畑先生が1996年に発表された論文を大学院で輪読して勉強し、そして先生直々に講義をしていただきました。このトレーニングは学術的に面白いだけでなく、めちゃくちゃ強くなれると感じ、とても感動しました。その日からすぐにタバタトレーニングを実施し、強烈な体感もあってすっかり取りつかれましたね。

――どんなふうに導入されましたか？

岡田　当時、日体大柔道部にトレーニングを教えていましたので、選手たちに「確実に効果があるからやろう」と言って導入しました。選手からクレームが出るくらいにつらいトレーニングで、みんなブーブー言いながらやってましたね。柔道に限らず、私自身のトレーニングとしても採用しました。あれだけ強烈なエビデンスを見せられて自分がやらない理由はないですからね。大学のトレーニングセンターにパワーマックスがあり、その頃は論文で示されたプロトコル通り、全くアレンジせずそのままのやり方でやっていました。それはもうきつかったですよ。

柔道、プロ野球選手、あらゆるアスリートに指導

――世界の「タバタ」になる前からご存じだったのですね。

岡田　ええ、学術界では公表された方法であっても、まだ一般トレーニー

岡田《おかだ》 隆《たかし》

日本体育大学教授

1980年愛知県出身。東京大学大学院総合文化研究科単位取得満期退学。博士（体育科学）。理学療法士。ボディビルダー、スポーツトレーナー、骨格筋評論家／バズーカ岡田として、TV地上波（ホンマでっか！？TV）などのメディアに多数出演。YouTube「新・バズーカ岡田チャンネル」にて筋トレや栄養、スポーツに関する情報や気づきを毎日発信している。元柔道全日本男子チーム体力強化部門長（2016年リオ五輪、2021年東京五輪）。2023年WNBFボディビル世界選手権プロマスターズ部門優勝。

界隈には知られていなかったのですが、しばらくして海外のフィットネスやボディビル系の雑誌に立て続け紹介されて、それから瞬く間に世界中に「タバタ」の名称が知れ渡ったことを覚えています。授業を受けたときの「これは強くなる。やるしかない！」という私の感覚は、世界中のトレーニーとも共通でしたね。

——実際に指導に導入されていかがでしたか？

岡田　トレーニング指導者として、私の強烈な武器になりました。タバタトレーニングと呼ばれていない頃であり、田畑先生がハイインテンシティ（高強度）、インターミッテント（間欠）だと口を酸っぱく言われたのを覚えていて、HIITとして紹介して、柔道や水球の日本代表、プロ野球選手など、指導したほとんどのアスリートにやらせていました。基礎体力を強烈に底上げしてくれますからね。

20秒やって10秒休むをベースに、基本は自転車エルゴメータでやるのですが、競技によっては、例えばウェイトトレーニングに置き換えるなどアレンジしてやっていました。いろんなやり方を作ってやってきたので、当然、自転車エルゴメータとは同等の効果とはいえないでしょうけど、20秒頑張れば10秒休める、きつくても4分で終わる、という時間設定が絶妙で、続ければ有酸素も無酸素も伸びるという報酬が理解できるので、みな頑張ってやれるのです。

——柔道の代表チームではどのように実施されましたか？

岡田　柔道の試合では、大体20秒くらい経過すると「待て」がかかり、し切り直して試合が再開されます。タバタトレーニングの時間設定がこれと類似していましたから、柔道家には受け入れられやすかったですね。体力は柔道の稽古の中でも伸ばしていけるのですが、世界柔道やオリンピックといった代表クラスでは稽古のみでは刺激が足りなくなります。また、目標とする大会が近くなると、減量やそれに伴う集中力の低下などもあって、ケガのリスクが高まります。ケガのリスクなく追い込める、安全に体力を最速で伸ばすという意味でも、タバタトレーニングは柔道ではとてもメリットがありました。

柔道男子日本代表にサーキット形式で実施

――柔道では導入された運動形態は?

岡田 柔道ではサーキットと呼ばれることが多いのですが、バーベルを使う種目、ダンベルを使う種目、トレーニングロープを使う種目、ケトルベルを使う種目、自体重の種目、対人の種目などから、全身のいろいろな筋肉や体力要素に刺激を与えるように8~10個のトレーニング種目を設定して実施していました。最初にハイクリーンを20秒やったら、10秒で場所を移動してロープをやるというような形式です。1周(8~10種目)やったら3~5分休んで、あともう2周やるのですが、これを最低でも週2回は実施していました。

試合時間の4分間、最後まで戦える体力を養成

――柔道男子日本代表には、2012年のロンドン・オリンピック後から体力強化部門長としてかかわられて、リオでは柔道男子史上初となる全階級メダル制覇、東京では史

ロープを用いたタバタトレーニングを実施する柔道選手(Photo by Takashi Okada)

上最多となる金メダル5個と着実に成果を出しておられます。

岡田　メダルとの因果関係はわかりませんが、筋トレで筋力を高め、タバタトレーニングで試合時間の4分間をしっかり戦える持久力がついたのは確かです。柔道の試合にはいろいろな戦い方があります。相手選手が試合開始からぐいぐい猛攻してくるところを耐えて、相手がバテてきたところを最後に決めるという戦い方が得意な選手も多く、よい影響があったのかもしれません。

――ボディビルではいかがですか?

岡田　私の周りでは、タバタトレーニングを取り入れるボディビルダーはいます。持久力がついて、筋トレで粘れるようになるんですよ。ボディビルダーは、心肺機能に大きな負担がかかるスクワットなどの種目や、高レップ、高セットのハイボリュームなプログラムを実施しますから、実は持久力も重要なのです。

それから田畑先生はタバタトレーニングではやせないとおっしゃっていますが、食事管理をしっかりしている場合はやせるという実感があります。ボディビルダーは食事を管理するので、その中でタバタトレーニングを行うと、エネルギー消費が増えた分、やせるのです。脚も血流が増えて、ビルダー特有の要素ではありますがバスキュラリティ（血管の浮き出方）も改善しますしね。

柔道では4分間動き続ける体力が必要。写真は東京とパリ・オリンピックの柔道男子66kg級で2連覇を成し遂げた阿部一二三選手（Photo by Harry How/Getty Images）

国民の健康のためのタバタトレーニング

――タバタトレーニングに期待することはありますか?

岡田　今の若い人たちはタイパ（タイムパフォーマンス）を気にする人が増えているかもしれませんが、これは忙しい現代人のトレーニングにとって非常に重要です。トレーニング時間が短いのに体力向上効果が高いというのは、すごく優れたトレーニング方法だと思います。運動嫌いな人にもこれだけやれば効果が出ると勧めることができるトレーニングです。

また、日本は平均寿命と健康寿命はともに世界1位ですが、平均寿命と健康寿命の差が大きいことが問題になっています。高齢になって、足腰が弱くなって歩行能力が低下する、体力が落ちて外に出ることが億劫になる。これは健康寿命を短くしてしまう大きな問題です。介護費や医療費も増えてしまいます。高齢者がタバタトレーニングの簡易版をやって、効率よく脚の筋力や持久力を高められれば、健康寿命を延伸させ、現役世代の社会保険料の負担軽減にもつながるかもしれません。これからは、アスリートの体力強化だけでなく、日本国民全体の健康のためにもタバタトレーニングが活用されていくと良いと考えています。

あらためて思うのですが、日本人の名前が付いたトレーニングを、世界中の研究者だけでなく、世界中のフィットネスにかかわる人たちが知っている状況というのは、ほかにはないのではないでしょうか? アスリートやトレーニーだけでなく、一般の方や高齢者の健康まで、このとても優れたトレーニングによる恩恵を、多くの日本人が享受できることを願っています。

あとがき

読者のみなさんへ。本書をどこまで読んだら、納得してタバタトレーニングを始める気になりましたか？　最後まで読んでも納得できなかった、あるいはタバタトレーニングを始める気にならなかった場合は、ぜひ私までご連絡ください！

タバタトレーニングに関する原著論文は、1996年と1997年に発表されました。最初に欧米で広まり、今では日本でも多くのアスリートがこのトレーニングを取り入れています。タバタトレーニングに関する書籍も、私自身が執筆した3冊をはじめ、複数出版されています。当然、そのメソッドや効果の根拠を理解したうえで実践されているものと思っていました。

ところが最近、あまり良い印象を持たれていないことに気づきました。例えば、私の大学の授業を受けた学生が、受講後の感想文に次のように書いていました。

「高校時代、部活の顧問の先生にタバタトレーニングをやれと言われ、必死にやっていたのを思い出しました。そのときは『なんてしんどすぎるトレーニング！』と思っていました。今まで経験したトレーニングの何倍もキツかったです。でも、キツかったからこそ、試合では最高のコンディションでプレーすることができました。高校生の時は何も知らずにただやっていましたが、田畑先生のお話を聞いて、その仕組みを知ることができました。トレーニングの効果は機能に最大の負荷をかけたときに最大に向上すること、タバタトレーニングの休息時間が10秒である理由も理解でき、とてもスッキリしました。」

このようなコメントなどから、多くの中高生がタバタトレーニングの効果やその理由を知らない（教えてもらえない）まま、ただ「やらされている」ことを知りました。トレーニングを開発した私は、おそらく相当恨まれていることでしょう。

本書では、タバタトレーニングがなぜ効果的なのか、その根拠となるトレーニング理論、そしてより理解を深めるための運動科学について紹介しました。タバタトレーニングのキツさは、競技力向上に直結しています。本書を読んでくださった中高生・大学生・社会人のアスリートのみなさんが、「タバタトレーニングはキツいけれど、これだけの理由があるからこそ、やれば必ず強くなれる」と理解し、モチベーションを高く維持して取り組んでいただければ、望外の喜びです。

最後になりましたが、本書にご登場いただいた入澤孝一先生、岡田隆先生、街勝憲先生、そして帯に推薦の言葉を寄せてくださった上野広治先生に、心より深く感謝申し上げます。

本トレーニングのメソッドが完成したのは、提案者である入澤先生の存在があってこそです。岡田先生はその有用性を理解し、スポーツの現場に広めてくださいました。街先生は立命館大学大学院時代から現在に至るまで、本トレーニングの研究を進めてくださっています。そして、水泳の競技力向上に長年貢献されてきた上野先生には、本トレーニングをご理解いただき、深くご支援いただいております。また、本トレーニングの研究に尽力してくださいました立命館大学の学生・大学院生をはじめ、多くの方々にも心より感謝申し上げます。

著者

著者プロフィール

田畑泉（たばた・いずみ）

立命館大学スポーツ健康科学部教授。博士（教育学）。入澤孝一氏が考案した高強度・短時間・間欠的トレーニングを運動生理学的に分析し海外の学術誌に発表。タバタトレーニングと命名されたこのトレーニングは全世界のエリートアスリートに実践され、競技力の向上に寄与している。第16回冬季オリンピック（アルベールビル大会）スピードスケート強化フィットネスコーチ。秩父宮記念スポーツ医・科学奨励賞受賞。American College of Sports Medicine（Fellow）、日本体力医学会理事、日本体育・スポーツ・健康学会理事・副会長。2011～2017年に日本学術会議会員を歴任。

アスリートのためのタバタトレーニング

2025年3月31日　第1版第1刷発行

著　者／田《た》畑《ばた》泉《いずみ》
発行人／池田哲雄
発行所／株式会社ベースボール・マガジン社
〒103-8482
東京都中央区日本橋浜町2-61-9 TIE浜町ビル
電話　03-5643-3930（販売）
03-5643-3885（編集）
振替口座 0018-6-46620
https://www.bbm-japan.com/

印刷・製本／共同印刷株式会社

ISBN 978-4-583-11738-6　C2075